미국 명문 보딩스쿨
합격 전략

미국 명문 보딩스쿨 합격 전략

최선남, 김동민 공저

대한민국 0.1% 부모들은 왜 보딩스쿨을 선택하는가?

미국 명문 주니어, 시니어 보딩스쿨, 스포츠, 사립사관, 예술 보딩스쿨 지원 시 유리한 최신 정보를
School Feedback과 Yes Tip에 담았다.

좋은땅

목차

CHAPTER 1
미국 조기유학 최적의 선택은 보딩스쿨이다!

CHAPTER 4

보딩스쿨에서의 생활

CHAPTER 5

보딩스쿨 캠프/비교과 활동 및 대회
(Camp/Extracurricular/Competition)

CHAPTER 6

추천 보딩스쿨 리스트(School Feedback & Yes tip!)

성공하는 조기유학

『미국 명문 보딩스쿨 합격 전략』출판을 준비하면서 많은 생각을 했었다. 대한민국은 세계 어느 나라보다 빠른 속도로 변화하고 있으며 그 변화는 세계를 리딩하고 K로 시작하는 K 키워드가 이제는 혁신의 아이콘이 되었다. 한국의 이런 혁신의 결과는 여러 요인이 있겠지만, 그중 하나는 인구 대비 선진 국가 유학 비율이 세계 1위인 국가임을 부정할 사람은 없으리라 생각한다. 세계 무대에서 한국의 빠른 성장과 우리나라 학생의 미국 유학 증가는 정비례로 나타나고 있으며, 여러 국가 중 인구 대비 한국의 미국 유학생 비율은 단연 세계 1위다. 참고로 일본이 세계 경제의 중심축이었던 30년 전만 해도 일본의 미국 유학생은 세계 최대 규모였었다.

선진국을 향한 한국의 진솔한 배움과 도전은 정치, 경제, 문화, 국제 무대에서 성과로 나타나고 있으며 다른 국가와는 차별성을 보였다. 여기 도전적이고 거침없는 한국 주류사회의 교육에서 중요한 변화를 확인할 수 있는 자료가 있다. 최근 시사저널의 기사를 보면, 국내 30대 그룹의 3, 4세 경영인들의 해외 유학 비율이 거의 100%가 될 것으로 예측하는 자료가 그렇다.

이재용 삼성전자 부회장은 하버드대학 경영학 박사, 정의선 현대자동차그룹 회장은 샌프란시스코대학 경영학 석사, 최태원 SK그룹 회장은 시카고대학 경제학 박사, 구광모 LG그룹 회장은 로체스터 공과대학 후 스탠퍼드대학 경영학 석사 등 모두 미국 대학 출신임을 알 수 있다. 신동빈 롯데그룹 회장은 컬럼비아대학 석사, 한화그룹 김승연 회장은 드폴대학교 석사 등 대부분 재벌 총수들이 해외 유학파이며 향후 대한민국을 이끌어 갈 그들의 자녀들 역시 어려서부터 미국 보딩스쿨에서 학업에 열중하고 있음을 알 수 있다. 이재용의 장남 지호 씨는 Eaglebrook School에서 Choate Rosemary Hall까지, 한화그룹의 세 아들은 모두 미국의 명문 보딩스쿨과 하버드, 예일대학을 졸업했고 정의선의 아들딸 역시 미국 유학파이며 최태원의 장녀는 스탠퍼드대학, 신동빈의 장남은 컬럼비아대학을 다녔다. 더 이상 열거를 할 필요가 없을 정도다.

코로나로 인해 세계화가 잠깐 멈춘 듯하지만 비즈니스는 더 빠른 속도로 세계화가 진행 중이다. 향후 십여 년 뒤에는 '인 서울'이나 'SKY'라는 용어가 촌스러움을 상징하는 표현이 될 것이며, 이후에는 세계 몇 위 학교, 또는 세계 어느 석학으로부터 학문을 지도 받았는지, 세계 어느 CEO와 동문 수학했는지가 관심의 대상이 될 것이다. 글로벌 비즈니스 세계는 CEO가 직접 영어로 커뮤니케이션을 해야 업무 진행에 매우 효과적이라는 것은 명확하다.

그렇다면, 존 케리 전 국무장관, 한화그룹의 김동관 부회장, 김동원 사장, 나경원 자유한국당 전 원내대표의 아들, 로버트 뮬러 전 FBI 국장의 공통점은 무엇일까? 바로, St. Paul's School 동문이라는 점이다. 이제 세상은 혈연과 지연이 아닌 글로벌 학연으로 새로운 연결고리를 갖는다. 지금까지, 한국의 입시제도를 비교적 공정하다고 주장하는 사람이 많았다. 하지만 조국 전 장관과 유명 인사들이 소환한 한국 입시제도는 새로운 문제를 노출시켰다.

요즘 청소년과 젊은이들의 다양한 사고와 미래 계획은 국내 학교와 교육부가 이끌어 갈 수 있는 수준을 이미 벗어났다. 이제 대한민국의 미래인 청소년들은 '기회의 평등'에 기대지 말고 '기회의 다원성'을 추구해야만 성공할 수 있다. 따라서, 해외 유학은 기회의 다원성에 가장 적합한 선택 방법이다. 이 엄청난 우리 학생들의 다양한 꿈과 도전의 니즈를 채워 줄 수 있는 공간은 전 세계에 있으며 특히 선진국인 미국에 충분히 있다.

피시킨의 '기회 다원주의'를 해결하는 지름길과 방법은 이렇게 우리가 선택할 수 있는 것이다. 로버트 D 퍼트넘의 『우리 아이들』이라는 책을 보면 요즘의 학교들은 과거에 비해 계급 격차가 크게 확대되고 있다고 한다. 그 결과는 학생들의 학업 성취에 주는 영향의 차이뿐만 아니라 부유한 지역에서 최고의 학교를 다닌 학생들은 협동하는 능력, 소프트한 기술과 인성, 담력과 리더십, 협상하는 능력까지 포함해 모든 평가 분야에서 더 뛰어난 결과를 보인다고 한다.

요즘에는 4차 산업혁명을 뛰어넘어 5차 산업혁명 시대를 준비한다고 한다. 골린코프 교수와 허시-파섹 교수가 쓴 『최고의 교육』에 의하면 21세기에 성공하는 사람이 되기 위해서는 여섯 가지의 핵심역량, 즉 6C 역량을 소개하고 있다. 협력(Collaboration), 의사소통(Communication), 콘텐츠(Content), 비판적 사고(Critical Thinking), 창의적 혁신(Creative Innovation), 자신감(Confidence)이다. 세계 여러 나라의 교육 시스템은 이에 맞춰 변화하고 있지만 지금 우리나라의 교육 시스템으로 과연 우리 아이들에게 꼭 필요한 핵심역량을 키워 줄 수 있을지 의문이다.

삼성전자의 반도체 경영전략은 '초격차' 전략으로 2등이 감히 1등의 자리를 넘보는 의지마저 꺾어 버리겠다는 것이다. 초격차 전략은 단지, 삼성 반도체만이 아니라 대한민국 핵심 산업군에서 반드시 이루어 내야 할 핵심 전략이다. 대한민국의 핵심 산업군에서 초격차 전략을 이루어 내기 위해서는 엄청난 산업자본도 중요하겠지만 무엇보다도 0.1%의 초엘리트를 양성해 내야만 한다. 슈퍼 엘리트를 육성하기 위해서는 구호로 되는 것이 아니며 교육 시스템이 있어야 한다. 향후 대한민국 미래는 0.1%인 슈퍼 엘리트들이 글로벌 경쟁에서 초격차의 기술과 전략으로 신산업을 리딩해 전 세계에서 선두로 나가야 한다.

예스유학은 글로벌 초격차 시대에 꼭 필요한 인력인 슈퍼 엘리트를 육성하기 위해 전 임직원들이 최선을 다해 노력하고 있다. 또한, 우리 아이들의 교육 문제에 있어서는 실패를 경험할 수 없으며 반드시 만족스러운 결과를 내야 한다. 본 저자는 미래형 교육을 위한 최적의 환경은 미국이라 생각하며 우리 청소년들에게는 명문 보딩스쿨을 적극적으로 추천한다.

2023. 10. 최선남

미국 명문 주니어 보딩스쿨 입학처장이 전하는
학교 인재상 및 추천사

- 개요

미국 주니어 보딩스쿨들이 어떤 인재상을 추구하며 그 인재상을 어떻게 교육에 반영하고 있는 지에 대한 이해가 지원 학생들에게 큰 도움이 될 것이라는 인식하에 패슨든 스쿨(The Fessenden School, MA)의 케일럽 탐슨(Caleb Thompson) 선생님, 베멘트 스쿨(Bement School, MA)의 킴 래프린(Kim Laughlin) 선생님 등 현직 보딩스쿨 입학처장들에게서 주니어 보딩스쿨의 특별한 가치와 학생 선발 기준에 대한 의견을 들었습니다.

또한, 이와 함께 예스유학이 지난 시간 동안 주니어 보딩스쿨에 우수한 학생들을 많이 입학시킨 성과에 대한 감사의 말씀도 함께 주셨습니다.

패슨든 스쿨의 케일럽 탐슨 선생님과 베멘트 스쿨의 킴 래프린 선생님에게 바쁜 졸업 시즌에 연락을 드렸음에도 불구하고 시간을 내어 정성 어린 답변을 보내 주신 데 대해 다시 한번 감사의 말씀을 전하고자 합니다.

Caleb Thomson

The Fessenden School (MA), Director of Admission & Enrollment Manager

▶ **What makes Fessenden special?**

The Fessenden School is the oldest all-boys junior boarding school in the United States, boasting a history of 130 years. Because Fessenden is an all-boys school, classes are tailored to the learning styles of boys. While girls often excel as verbal-auditory learners, absorbing information through listening and reading, boys are typically kinesthetic learners who thrive with hands-on activities. At Fessenden, teachers incorporate movement and team-based projects into the curriculum, fostering engagement and friendly competition. We nurture each boy's talents and holistically develop his character, mind, and body in an inclusive and joyful community. We strive to shape well-rounded boys who excel academically, socially, and emotionally in all their endeavors.

▶ **페슨든은 왜 특별한가요?**

페슨든 학교는 미국에서 가장 오래된 남학생 주니어 보딩학교로 130년의 역사를 자랑합니다. 페슨든은 남학생들만 재학 중인 학교로 모든 수업이 남학생들의 학습 방식에 맞추어져 있습니다. 여

학생들이 주로 듣기와 읽기를 통해 정보를 흡수하고 말하기와 듣기를 통해 배우는 반면, 직접적인 활동을 하며 성장하는 남학생들은 주로 운동감각을 통해 학습하는 특성이 있습니다. 페슨든에서는 교사들이 활동과 팀 기반 프로젝트들을 커리큘럼에 적용시켜 학생들의 참여와 건전한 경쟁을 독려하고 있습니다. 우리는 화목하고 즐거운 커뮤니티 안에서 학생들의 재능을 성장시키고 전인적인 성품, 정신, 신체의 발전을 도모하고 있습니다. 우리는 학생들이 학업적, 사회적, 그리고 감성적으로 다방면에서 훌륭한 면모를 갖출 수 있도록 노력하고 있습니다.

▶ **How do you determine which students to accept?**

At Fessenden, exceptional grades, impressive resumes, and glowing recommendations alone may not be enough to impress. While academic excellence, talent in athletics or the arts, and community service are valued, Fessenden looks for more. Among the numerous highly promising applicants, admissions officers seek students who exhibit genuine enthusiasm, active involvement, and a strong connection to the school community. They carefully observe students during and after campus visits, assessing the level of their engagement. Fessenden seeks students who can deeply commit to active engagement in their education and to the vibrant school community.

▶ **어떻게 합격 여부가 결정되나요?**

뛰어난 성적, 인상적인 이력서, 눈에 띄는 추천서만으로는 페슨든에 입학하기에 충분치 않을 수 있습니다. 뛰어난 성적, 운동이나 예술 분야에서의 재능, 그리고 지역사회 봉사는 물론 가치 있는 일이지만, 페슨든에서는 그 이상을 기대합니다. 입학 담당자들은 수많은 지원 학생들 중에서도 진정한 열정, 적극적인 참여, 그리고 학교 커뮤니티에 깊은 연대를 형성하는 학생들을 찾고 있습니다. 특히 학생들이 캠퍼스에 방문했을 때와 방문 후의 참여도를 평가하며 그들을 주의 깊게 관찰합니다. 페슨든은 주도적으로 학업에 몰입하고 활기찬 학교 커뮤니티에 적극적으로 기여할 수 있는 학생들을 원합니다.

▶ Why do you recommend Yes Uhak?

Fessenden has been incredibly fortunate to collaborate with Yes Uhak for the past decade. We deeply appreciate that Yes Uhak has taken the time to understand the culture and philosophy of our school. This ensures they can advise families on the school that would be the best fit for their son. The students they refer to us are capable, well-prepared, and align perfectly with our mission and values. Throughout the application process, Yes Uhak has consistently been open, honest, and communicative with our admissions team — and this collaboration often extends into Secondary School placement. We eagerly anticipate continuing our fruitful partnership with Yes Uhak for many more decades!

▶ 왜 예스유학을 추천하나요?

페슨든은 지난 10년 동안 예스유학과 협업할 수 있었다는 것을 대단한 행운이라고 생각합니다. 예스유학이 우리 학교의 문화와 철학을 깊이 이해하려고 노력한 것에 대해 대단히 감사합니다. 예스유학이 자녀를 우리 학교에 보낸 가족들에게 필요한 조언을 잘할 수 있다는 것을 의미하기 때문입니다. 예스유학이 추천하는 학생들은 재능 있고, 잘 준비되어 있으며, 우리의 사명과 가치관에 완벽하게 부합됩니다. 예스유학은 입학 지원 과정 동안 항상 우리 입학처와 열린 자세로 솔직하게 의사소통을 하였고, 이러한 협력은 종종 학생들의 시니어 탑보딩 진학으로 이어지고 있습니다. 앞으로도 계속해서 오랫동안 예스유학과 유익한 파트너십을 이어 나갈 수 있기를 기대합니다!

Kim Loughlin
Bement School (MA), Asst. Head of school, Director of Admission

▶ **What makes Bement special?**

Bement is renowned for its rigorous academic foundation and a tight-knit community feel. Our secondary school placement boasts a commendable record, facilitated by a dedicated counselor who works closely with both students and parents. After completing a comprehensive 9th-grade curriculum, Bement students seamlessly transition to the 10th grade at secondary schools, exemplifying their academic preparedness. Beyond academics, Bement's boarding environment offers middle school students a nurturing atmosphere, with dormitories often feeling like a second family. Our weekend programs capitalize on the proximity of nearby colleges, allowing students enriching experiences that include concerts, athletic events, and museum excursions.

▶ **베멘트는 왜 특별한가요?**

베멘트는 철저하고 엄격한 학문적인 토대와 끈끈한 커뮤니티 분위기로 유명합니다. 학생 및 부모님과 긴밀하게 협력하는 상담 선생님들의 노력으로 우리는 자랑스러운 시니어 탑보딩 진학 성과를 보유하고 있습니다. 베멘트의 종합적인 9학년 과정을 마친 학생들은 준비된 학업 능력을 바탕으로 시니어 탑보딩 학교의 10학년으로 무리 없이 진학하고 있습니다. 그리고 학업적인 것뿐만 아니라, 베멘트의 기숙 환경은 두 번째 가족처럼 느껴지도록 학생들에게 따스한 분위기를 제공합니다. 주말에는 근처 대학 캠퍼스를 활용하여 학생들에게 콘서트나 스포츠 경기, 그리고 박물관 여행 등의 다양한 경험을 제공하고 있습니다.

▶ **How do you determine which students to accept?**

Parents often ask what kind of students Bement is seeking. During our application review, we ponder: Will the student thrive here? Do our programs align with the student's interests and aspirations? And we make these determinations by examining the student's previous academic records and insights from their interviews.

▶ **Bement는 학생들을 어떻게 선발하나요?**

부모님들은 종종 저희 학교가 어떤 학생들을 찾는지를 묻습니다. 지원서를 검토하는 과정에서 저희는 항상 고민합니다: 이 학생이 과연 우리 학교에서 잘 성장할 수 있을까? 우리의 프로그램이 이 학생의 관심사와 포부와 잘 맞을까? 그리고 우리는 학생의 지난 학업 성적과 인터뷰를 통해 파악한 내용들을 바탕으로 결정을 내립니다.

▶ **Why do you recommend Yes Uhak?**

Bement's relationship with Yes Uhak spans many years. We have been fortunate to collaborate and be introduced to numerous wonderful families, and we always feel a surge of excitement when these families choose to enroll at Bement. Through our joint efforts, we ensure that families gain a comprehensive understanding of Bement and the opportunities we provide. This clarity empowers families to make informed decisions when considering various educational options for their children at the secondary and junior boarding school levels. Our partnership with Yes Uhak goes beyond mere enrollment; we also collaborate to support students as they transition from Bement to secondary schools. We look forward to many more years of cooperation, aiding families in exploring the vast educational opportunities available in the United States.

▶ 왜 예스유학을 추천하나요?

베멘트와 예스유학과의 인연은 이미 오랜 시간 동안 이어져 왔습니다. 그동안 우리는 예스유학을 통해 다양하고 훌륭한 가족들을 소개를 받았고, 그들이 베멘트에 입학을 결정할 때마다 큰 기쁨을 느낍니다. 우리는 협업을 통해 학생의 가족들이 우리가 제공하는 기회에 대해 확실하게 이해하도록 돕고 있습니다. 이를 통해 학부모들은 자녀의 주니어 보딩스쿨에 대한 선택을 더욱 명확하게 할 수 있습니다. 예스유학과 협력은 단순히 학생들의 주니어 보딩 입학에 그치지 않고, 베멘트에서 시니어 탑보딩 진학 지원까지 이어집니다. 학생들의 가족들이 미국에서 제공하는 다양한 교육적인 기회들을 탐험하는 것을 도우며 우리는 앞으로도 더 오랫동안 협업할 것을 기대하고 있습니다.

미국 명문 시니어 보딩스쿨 교장선생님들이 전하는 학교 인재상 및 조언

미국 명문 시니어 보딩스쿨 교장선생님들이 한국의 보딩스쿨을 지원하는 학생들에게 학교가 원하는 인재상 및 조언을 예스유학에 보내 준 레터입니다.

- 개요

명문 보딩스쿨이 키워 내고 싶은 인재상과 그 학교의 교육관에 대해 잘 아는 것이 지원 학생들에게 도움이 되리라 생각되어 교육의 흐름을 누구보다 잘 이해하고 또 현직에서 글로벌 미래 지도자를 양성하는 미국 명문 학교 교장(Headmaster)들께 오늘날 우리 학생들이 필요한 도덕적 가치관과 4차 산업혁명 시대에 꼭 갖추어야 할 역량에 관한 몇 가지 질의에 흔쾌히 응하고 전문적인 고견을 보내 주셨습니다.

대한민국 0.1%에 해당하는 미국 명문 학교를 지원하는 학생들에게 고견을 주신 교장선생님은 페디 스쿨(The Peddie School NJ)의 피터 퀸(Peter Quinn), 마스터즈 스쿨(The Masters School NY)의 로라 댄포스(Laura Danforth)와 조지 스쿨(George School PA)의 제이 새뮤얼 하우저(J. Samuel Houser)입니다. 바쁜 졸업 시즌에 연락을 드렸음에도 불구하고 시간을 내어 정성껏 조언의 글을 보내 주신 교장선생님들께 다시 한번 감사의 말씀을 드립니다.

Questions for your review response

(A simple sentence or two will suffice for each question)

1. Key moral values that will prove indispensable in the coming years of the 4th Industrial Revolution.
2. Ways in which your students can cultivate those moral values.
3. One or two thing(s) the students will definitely have learned from attending your school.
4. Expectations you have of your students, and a defining experience unique to your school.
5. Any words of wisdom you wish to impart on US-bound boarding applicants.

1. 4차 산업혁명을 맞이하여 우리에게 필수적인 핵심 도덕적 가치관은 무엇인가요?

2. 학생들이 그러한 도덕적 가치를 함양할 수 있는 방법은 무엇인가요?

3. 학생들이 귀교에 다니며 분명히 배웠을 한두 가지 가치는 무엇인가요?

4. 학생들에 대한 기대치, 그리고 귀교에서만 체험할 수 있는 특징은 무엇인가요?

5. 미국 보딩스쿨 지원자들에게 전해 주고 싶은 지혜의 말씀이 있다면 부탁드립니다.

Peter A. Quinn
The Peddie School (NJ), Head of School

▶ 4차 산업혁명을 맞이하여 우리에게 필수적인 핵심 도덕적 가치관은 무엇인가요?

I think there is little that is new here. Justice, courage, wisdom, and temperance are to be prized, and children need to develop them under careful guidance. I think compassion would be one the some experts would classify under either justice or wisdom, but in this age it might benefit from standing alone. Each generation needs to be reminded that the means are always more important than the ends - more Kant for individual guidance, and more Bentham for community guidance. All of the challenges of life brought on by the digital age can be resolved with careful consideration of what Kant laid out in the categorical imperative. Not easy to do, but pretty easy to understand.

여기에 새로울 것은 거의 없다. 아이들에게 있어 정의감, 용기, 지혜 그리고 절제는 중요한 부분이며, 우리는 교육자로서 아이들이 이 가치들을 늘 마음속에 지니고 있도록 세심하게 지도해야 한다. 어떤 전문가는 남의 고통에 공감하는 능력, 동정심(Compassion)을 정의감 또는 지혜의 한 종류로 정의하지만, 이 나이 또래의 케이스에서는 별개의 개념으로 보는 것이 더 맞다. 세대를 막론하고 결과보다 과정(수단)이 중요하다는 것을 일깨워 주는 것이 중요하다. - 개별적인 지도는 칸트의 가르침대로, 지역사회 지도는 벤담의 가르침대로 말이다. 디지털 시대가 초래한 삶의 도전은 칸트의 정언명령(칸트 도덕철학의 핵심)을 세심히 살펴봄으로써 해결할 수 있다.

▶ 학생들이 그러한 도덕적 가치를 함양할 수 있는 방법은 무엇인가요?

These habits of conduct can be cultivated by practice. Providing children with the literature, the history, and the everyday opportunities to learn from examples and then practice those habits in everyday situations of consequence will help them, learn how each will own and demonstrate those habits. One learns to be courageous by taking a risk and seeing that risk bring rewards. One learns to be temperate by experiencing situations in which temperance helps them succeed at a goal or strengthen a relationship, and by seeing what intemperance produces as well. In all but justice, the question is how to find the mean between the extremes (see Aristotle!). Our children do not face new moral conundrums; they face the ancient conundrums in new and different situations. And the fact is that does not commit to moral habits until conflict with a person who has not made that commitment makes her commit to the correct path for herself.

이러한 행동 습관은 연습에 의해 길러질 수 있다. 아이들에게 문학, 역사를 알려 주고, 경험을 통해 배우고 실천할 수 있게끔 하면, 결과적으로 아이들의 행동 습관을 자기만의 것으로 소화시키게끔 도와준다. 어떤 아이는 위험을 감수한 뒤 얻은 보상을 통해 용기 있는 사람이 되는 법을 배운다. 또 어떤 아이는 목표를 달성하거나 관계를 형성하는 데 도움을 주는 사례를 통해 절제의 중요성을 배우고, 반대로 무절제의 결과 또한 배우게 된다. 정의를 제외한 모든 면에서 문제는 항상 양극 사이에서 어떻게 중간 지점을 찾을 것인가 하는 것이다. (아리스토텔레스 참조) 우리 아이들이 직면하는 것은 새로운 도덕적 문제가 아니라 예전부터 있어 왔던 도덕적 문제를 새롭고 다른 상황에서 직면하게 되는 것이다. 확실한 것은 도덕적인 개념이 바로 잡히지 않은 사람과 만나 갈등을 겪어 보기 전까지는 스스로 도덕적인 판단을 할 수 있는 습관을 형성하지 못한다는 것이다.

▶ **학생들이 귀교에 다니며 분명히 배웠을 가치는 무엇인가요?**

They report learning five values well: honesty, balance, scholarship, courage, and respect.

우리 학생들은 다음과 같은 5가지의 가치를 잘 배운다: 정직, 균형, 학식, 용기와 존경.

▶ **학생들에 대한 기대치, 그리고 귀교에서만 체험할 수 있는 특징은 무엇인가요?**

We expect they will treat each other with respect, regardless of their different opinions, backgrounds, nationalities. We expect they will be prepared to complete their college years with academic, social, and spiritual success. We expect that as adults they will be contributing citizens in their communities, committed to doing good things in the right way.

우리 아이들은 남들의 다른 의견, 배경, 국적에 상관없이 존경심으로 서로를 대할 것으로 기대한다. 학업, 사회 및 정신적인 고양으로 대학을 마칠 준비가 될 것으로 기대한다. 어른으로서 올바른 방식으로 올바른 일을 하고, 지역 사회에 공헌하는 시민이 될 것으로 기대한다.

▶ **미국 보딩스쿨 지원자들에게 전해 주고 싶은 지혜의 말씀이 있다면 부탁드립니다.**

I wish I had demonstrated the kind of confidence and self-awareness to cause me, at the age of 13 or 14, to fly to the other side of the globe to go to boarding school. I greatly appreciate what it takes to do what these children do, and their parents support.

여러분들이 13, 14살이라는 어린 나이에 지구 반대편에서 공부를 하고자 하는 의지를 보였다는 것이 참 존경스럽고, 유년기의 내 자신이 그러지 못했다는 점이 아쉽기도 하다. 교장인 내가 이런 존경심을 느끼게끔 하는 사람이 곧 자기 자신이라는 사실을 늘 되새기길 바라며, 이 학생들을 위한 부모들의 지원에 늘 감사하게 생각한다.

Laura Danforth
The Masters School (NY), Head of school

▶ **4차 산업혁명을 맞이하여 우리에게 필수적인 핵심 도덕적 가치관은 무엇인가요?**

The mission statement of The Masters School states the following:

아래는 The Masters School의 사명 선언문이다.

The Masters School celebrates active participation, deep understanding, and meaningful connection. A community of diverse individuals, we gather to learn, to strive, to dare, to do - to be a power for good in the world.

The Masters School은 적극적인 참여, 심도 있는 이해와 의미 있는 관계 위에 세워졌다. 다양한 사람이 모인 공동체 속에서 우리는 배우고 노력하며, 행동한다 - 선량한 힘을 세계에 펼칠 수 있도록.

As our mission states, we aim help students become "powers for good in the world." This tenet seems more relevant than ever as we prepare them to enter their adult lives in the fourth industrial revolution. We recognize that it is paramount that we equip students with the skills and moral principles that will allow them to ethically utilize all the advances of science and technology.

우리의 사명 선언문에 명시되어 있듯이, "세계를 위한 선량한 힘"이 학생들의 첫 번째 목표가 되었으면 한다. 본 교의 철학은 아이들이 4차 산업혁명 사회의 일원이 되는 과정에서 가장 중요한 가치로 작용할 것이라고 생각한다. 매일 새로운 과학기술을 수단과 목적으로 하는 지금에는 학생들의 도덕적 인식이 매우 중요하다는 사실을 잘 알고 있다.

Respect, courage, citizenship, kindness, compassion, integrity and responsibility are crucial principles for a moral code that can guide innovation and development to serve the greater good. Without the marriage of moral principles and technology, we risk altering the future of humanity and we cannot afford to be caught off guard as we encounter these new frontiers.

존중, 용기, 시민의식, 친절, 공감, 진실성과 책임감은 더 나은 세상을 위한 혁신의 길로 갈 수 있는 도덕적 기준과도 같다. 윤리적 규범이 과학기술과 함께 공존하지 않는다면 인류의 미래는 위기에 처할 것이고, 우리는 앞으로 닥쳐올 위기 속에 손을 쓸 수 없게 될 것이다.

▶ 학생들이 그러한 도덕적 가치를 함양할 수 있는 방법은 무엇인가요?

Our mission guides every aspect of a Masters education, so moral and ethical values are part of every discussion at our School. Whether during a Harkness discussion, a student assembly, a literary analysis, the practice of science, arts or athletics, our students constantly engage in dialogues that help them understand that they are part of something bigger than themselves and are reminded of the importance of making a positive impact in their communities.

Masters 교육 방침은 학교의 사명 선언문에 명시되어 있으며 도덕성과 윤리적 가치는 학교에서 모든 토론의 일부이다. 하크니스(원탁 테이블에 소규모로 수업) 토론 시간이나 학생회 회의, 문학적 분석, 과학 실험, 아트 및 예체능 수업 등 학생들이 참여하는 가지각색의 활동에서 자신의 역할을 이해하고 지켜야 할 규범들을 파악하며, 더 나아가 우리 사회에 긍정적 영향력을 미칠 수 있다고 생각한다.

In addition to offering a robust Innovation and Entrepreneurship program that aims to problem solve with the goal of improving communities, we offer a 5th -12th Ethical Leadership program. The goal of this program is to help students understand that tomorrow's leaders will need not only the basic skills of leadership, but also a deep understanding of who they are and what they value. As our students navigate this new machine age, a key component of their leadership must include the implementation of strategies that hold true to moral values when encountering challenges.

또한 Masters는 더 나은 사회를 위한 Innovation and Entrepreneurship(혁신과 기업가정신) 프로그램을 제공함과 동시에 5학년부터 12학년까지 학생들이 수강할 수 있는 Ethical Leadership(윤리적 리더십) 프로그램을 제공한다. 이 프로그램을 통해 아이들은 미래의 리더들이 갖춰야 할 기본적인 리더십 이외에도 자신이 누구이며 가치 있는 것이 무엇인지에 대한 이해가 필요하도록 돕는다. 디지털 시대를 살아가는 학생들의 리더십은 도전에 직면할 때 도덕적 가치에 충실한 전략이 필요하다.

Our Global and Civic Exchange Program offers an interdisciplinary approach that is global in scope and context and equips students with the mindset and inter-cultural competencies that will allow them to understand and address the ethical, political, and social challenges of the 21st century, through engaged citizenship, diverse perspectives and ethical principles, as "powers for good in the world."

Global and Civic Exchange 프로그램은 아이들이 세계에 대한 다양한 시각을 가질 수 있도록 전인적인 교육을 제공한다. 이를 통해 학생들이 21세기에 겪을 윤리적, 정치적, 그리고 사회적인 고민들을 심도 있게 이해하고 해결할 수 있도록 하며, 문화 간의 차이를 포용할 수 있는 능력을 기르도록 한다.

Diversity, equity and inclusion are an extremely important part of the Masters experience, as we understand that multiple perspectives enrich every individual in the community and help promote dialogue and understanding. We are a school that believes and engages in social justice and unapologetically encourages our students to speak in favor of fairness and equality.

Masters 경험에 있어서 다양성, 평등 그리고 포용은 가장 중요한 부분이다. 상황을 다각적으로 분석할 수 있는 능력은 개인만이 아니라 사회 전체에 좋은 영향을 주기 때문이다. 우리 학교는 사회적 정의를 매우 중요하게 생각하며 공정성과 평등에 대해 학생들이 자신 있게 말할 수 있도록 사고를 키우는 데에 초점을 맞추고 있다.

The commitment of the Masters community to service is a long-standing tradition. Masters Interested in Serving and Helping(MISH) is one of the oldest organizations on campus. The program challenges students to explore personal transformation and positive social change. Students learn deep respect for each human being, regardless of their circumstances, and cultivate compassion as they learn about diversity, the human condition, and the world around us.

Masters가 강조하는 헌신과 봉사의 학풍은 아주 오래되었다. Masters Interested in Serving and Helping(MISH)은 학교에서 가장 오래된 단체이기도 하다. 이 단체의 프로그램으로 학생들이 자기 자신을 발전시키고 더 나은 사회를 만들기 위한 노력을 하도록 한다. 학생들은 서로 다른 견해와 배경에 대한 존중을 배우고, 늘 공감하는 태도를 갖추게 된다.

Lastly, we fully understand our moral responsibility to protect and preserve the environment, so whether through our student-run sustainability club, daily sustainability practices and classroom discussion we aim to foster awareness and action to support the planet.

마지막으로, 우리 학교는 아이들에 대한 도덕적인 책임감으로 교육에 임한다. 환경을 보전하기 위한 지속가능성 동아리 활동, 일상적인 지속가능성 실천 및 교실 토론을 통해 지구를 돕기 위한 인식과 행동을 조성하는 것을 목표로 삼는다.

▶ 학생들이 귀교에 다니며 분명히 배웠을 가치는 무엇인가요?

Through Harkness discussions, field trips to New York City and its surroundings, and boarding community life, students learn to embrace personal responsibility and to practice civil discourse, which helps develop a deeper understanding of the diversity of the human thought. We are a community that strives to learn from one another to deepen our commitment to equity and inclusion.

Harkness 토론과 뉴욕시 체험학습, 그리고 기숙사 생활은 아이들이 개성을 존중하는 태도를 갖도록 하며, 사회적인 문제에 대해 적극적으로 토의할 수 있도록 한다. 이를 통해 학생들은 다양한 상황에 대해 깊게 이해를 할 수 있게 된다. Masters는 서로에 대한 헌신, 그리고 형평성과 포용력을 최우선시하는 학교다.

Our hope is that our students graduate from Masters understanding the importance of living lives of consequence, respecting every individual, making ethical choices and caring for their planet.

학생들이 우리 학교를 졸업하면서 인생에서 수많은 선택들이 늘 어떠한 결과를 야기한다는 것과, 서로를 존중하고 우리가 살고 있는 세상에 대한 도덕적인 선택을 할 수 있는 능력을 배우길 바란다.

▶ 학생들에 대한 기대치, 그리고 귀교에서만 체험할 수 있는 특징은 무엇인가요?

We expect that each one of our students embraces our mission and makes it an integral part of who they are. And it is precisely the authenticity of our mission and how it resonates with every member of the community what makes the Masters experience unique and different.

우리는 학생들이 사명 선언문의 가치들을 활용하여 자신의 정체성을 확립했으면 한다. Masters 경험이 독특하고 차별화된 이유는 선언문의 진실성을 통해 모든 학생들이 공감대를 형성할 수 있기 때문이다.

▶ 미국 보딩스쿨 지원자들에게 전해 주고 싶은 지혜의 말씀이 있다면 부탁드립니다.

Our country and our world are experiencing extremely tumultuous times. It is essential that the moral code we instill in our students transcends borders, so regardless of country or origin or country of residence the future generations can follow this moral compass and make a positive impact on their communities.

우리는 지금 혼돈의 시대를 살고 있다. 때문에 교육자로서 모두가 기준으로 삼을 수 있는, 국적과 배경을 초월한 도덕적 규범을 아이들이 따를 수 있도록 해야 한다. 이런 기준들이 하나씩 정립되어 우리 학생들이 더 넓은 세상에 긍정적인 영향력을 발휘할 수 있도록 하는 것이 교육자로서 의무라고 생각한다.

J. Samuel Houser
George School (PA), Head of School

▶ **4차 산업혁명을 맞이하여 우리에게 필수적인 핵심 도덕적 가치관은 무엇인가요?**

With a George School education, students learn that every person is sacred, to value the individual, and to help each other figure out how everyone's gifts, properly cultivated and appropriately used, can make this a better world. Our graduates work in finance, law, politics, human services, medicine, education, software and app development, robotics, artificial intelligence, and a host of other fields, and they are ready to think creatively and critically, lead teams with insight and humanity, and work and live ethically.

George School은 학생들에게 모든 사람은 신성하다는 것과 스스로를 소중히 여겨 사회에 환원할 수 있는 각자의 재능을 발견할 기회를 최우선으로 가르친다. 우리 학교의 졸업생들은 금융, 법률, 정치, 사회복지, 의료, 교육, 각종 컴퓨터 기술 등 여러 분야에 종사하고 있다. 동문들 모두가 각자의 위치에서 창의적, 비판적 사고를 중시하며, 인간적인 리더가 되어 통찰력을 발휘하고 윤리적인 생활을 하고 있다.

▶ 학생들이 그러한 도덕적 가치를 함양할 수 있는 방법은 무엇인가요?

Maybe most importantly George School graduates live, play, and work with people from a wide variety of cultures and nations. The edges of the world are drawing closer and closer together, and at George School we strive to prepare students for that world-where members of our communities speak different languages, think in unfamiliar ways, and represent a myriad of identities. Students, while engaging in a rigorous academic program, learn not just to do derivatives in calculus, or conjugate verbs in Latin, but to get to know and respect the human condition in all its diversity and similarity and to use that knowledge and respect for good.

앞서 말했듯이 George School 동문들은 다양한 문화적 배경을 가진 사람들과 교류하며 살아가고 있다. 우리가 살고 있는 세계의 국경은 점점 더 희미해지고 있으며, George School에서는 이처럼 언어와 사상, 사고방식이 무한한 세계를 학생들이 올바르게 수용할 수 있도록 노력한다. 학생들은 본 교에 재학하면서 상당한 난이도의 커리큘럼을 소화하는 동시에, 단순히 적분법과 라틴어 문법을 익히는 것이 아니라, 인간의 다면적인 양상에 대해 탐구하여 그 지식을 올바르게 사용하는 법을 배운다.

▶ 학생들이 귀교에 다니며 분명히 배웠을 가치는 무엇인가요?

George School students learn to listen deeply to their fellow human beings, especially across differences of culture, belief, and background. They learn to act on what they have heard to make the world better through their ethical agency. George School students learn to value time spent in reflection. And George School students learn to be resilient and to stake a claim to a certain personal integrity and respect for humanity in a rapidly changing and uncertain world.

George School의 학생들은 서로의 이야기를 경청하는 법을 최우선으로 학습한다. 여기서의 경청은, 자신과 다른 문화적 배경에서 다른 종교를 믿고 다른 정치적 성향을 가진 동기들과 함께 윤리적인 기준을 세워 대화하는 법을 말한다. 더 나아가 스스로 성찰하는 시간을 가지면서 자신의 가치를 다시금 확인하게 되며, 다변적인 사회 속에서 존중의 의미를 확립하게 된다.

Our graduates are intellectually curious, ethical, empathetic, and resilient who use their educations to shape the world.

본 교 동문들은 George School에서 교육을 통해 지적 호기심, 도덕적 행실과 뛰어난 공감 능력, 그리고 어떤 상황에서도 적응할 수 있는 유연함을 함양한다.

▶ 학생들에 대한 기대치, 그리고 귀교에서만 체험할 수 있는 특징은 무엇인가요?

Many people who have experienced George School and our students use the word 'magic' to describe the school. In my opinion, the 'magic' comes from a unique marriage of academic rigor, an unparalleled diverse and supportive community, and applying creativity across disciplines that the academy has traditionally separated. We are also rooted in Quaker values: respecting individual and community life, peace, and joyfully engaging in an open-minded search for truth. We are also one of the few boarding schools in the United States to offer the International Baccalaureate diploma, and the IB philosophy has an impact across our academic program.

George School과 우리 학생들을 접한 적이 있는 대부분의 사람들은 우리 학교에 대한 묘사를 할 때 '마법'이라는 단어를 사용하길 좋아한다. 아마도 우리의 '마법'은 높은 학업 난이도와 다양한 배경의 학생들이 있음에도 유대감이 깊은 학풍에서부터 비롯된 것이 아닐까 생각된다. 또한 우리 학교는 개인과 사회에 대한 존중, 평화를 추구하는 태도, 그리고 진실을 탐구하려는 열린 자세와 같은 청교도 이념에 기반한 교육기관이기도 하다. 한 가지 특별한 점으로 꼽자면, 우리 학교는 International Baccalaureate(IB) 학위를 제공하는 소수의 기숙학교 중 하나이며, 이는 IB 커리큘럼의 교육철학이 George School의 설립 이념과 맞닿아 있는 부분이 많기 때문이다.

▶ 미국 보딩스쿨 지원자들에게 전해 주고 싶은 지혜의 말씀이 있다면 부탁드립니다.

I cannot think of a better preparation for facing our global realities than a boarding school education, particularly one that will expose students to a community composed of people from globally distinct backgrounds. Many George School students make their way to college and find that their most formative years, the years that held the deepest learning, happened at the school; so my advice would be to first take the opportunity to learn in an environment different from the one you are accustomed to, and then to savor and appreciate these years as much as you can.

나는 우리 사회에 직면한 문제들을 해결하기 위한 능력을 기를 수 있는 가장 좋은 곳이 바로 기숙학교라고 생각한다. 특히 우리 학교와 같이 다양한 국적과 신념을 가진 학생들이 한데 어우러져 있는 곳이야말로 미래를 위한 준비에 적합하다고 자신한다. 우리 학교의 많은 학생들이 졸업 후 대학에 진학 후 본 교에서 보냈던 성장기 시절이 배움에 있어서 가장 의미 있었다고 말하기도 한다. 그렇기에 나의 조언은 안주하지 않고, 새로운 교육 환경에서 배움을 실천하는 기회를 먼저 잡아야 하며, 그러한 배움에 늘 감사하고 즐길 줄 아는 태도를 가져야 한다는 것이다.

CHAPTER 1

미국 조기유학
최적의 선택은
보딩스쿨이다!

대한민국 0.1%는 왜 명문 보딩스쿨을 선택하는 걸까?

Groton School

많은 학부모들이 미국 명문 보딩스쿨을 찾지만 정작 보딩스쿨과 데이스쿨의 차이점을 모르는 경우가 많다. 국내의 기숙형 학교로는 외국어고, 과학고, 민사고, 특목고, 자사고 같은 경우에 있다. 미국의 보딩스쿨과 데이스쿨은 많은 차이점이 있는데, 보딩스쿨은 사립형 기숙사 학교이며 데이스쿨은 기숙사가 없는 사립 혹은 공립 학교를 칭한다.

미국의 보딩스쿨 대부분 교직원들 중 과반수 이상은 학기 중 학생들과 함께 학교에 거주하는 특성이 있어 학생의 거주지가 기숙사일 경우에는 수업에 대한 보충, 클럽활동 등 다양한 측면에서 이점이 많다.

보딩스쿨들은 저녁 식사 후 자율학습 시간이 주어지는데 한국의 야간 자습과는 확연히 다르다. 학생들은 공부를 하고 교사들은 감시를 하는 한국과 달리, 미국 보딩스쿨의 저녁 자율학습은 학생들이 개별적 혹은 소수로 모여 학습을 하며 학교 캠퍼스에 거주하는 교사들이 스터디에 동참하여 학생들의 학습을 돕는 시스템이다.

홈스테이 학생들은 대부분 아침에 깨워 주는 것은 물론 식사, 빨래, 청소 등 생활의 전반적인 부분을 부모에게 의존한다. 그러나 보딩스쿨에서는 학생들이 주체가 되어 전반적인 생활을 주도하게 된다. 이는 학생들 스스로 자기 관리, 시간 관리 능력 함양은 물론 자기 주도적인 생활을 통해 자립심을 함양한다. 물론 여러 가지로 교사가 어드바이저로서 도움을 주지만 학생 본인이 주체가 되고 친구인 기숙사 동료들과 협업을 통해 사회성을 배운다. 기숙사에는 담당 선생님이 있고, 기숙사별로 'Proctor'라는 기숙사감이 학생들을 관리하는데 이를 통해 또래 학생들을 이끌고 생활하며 리더십을 배운다.

데이스쿨과 보딩스쿨은 프로그램과 커리큘럼, 클럽활동 등에서도 큰 차이를 보이는데, 데이스쿨의 경우 방과 후 활동이 선택 사항이라 많은 수의 학생들이 귀가를 하는 반면, 보딩스쿨의 경우 필수 사항이기 때문에 모든 학생들이 각자 신청한 스포츠 혹은 클럽활동에 매진한다. 스포츠 활동의 경우 계절별로 학생들이 즐길 수 있는 다양한 스포츠가 계획되어 있어 최고급 시설에서 체력을 증진하고 학업 스트레스를 발산할 수 있다.

클럽활동의 경우 학교신문, 방송부 등 미디어 클럽부터 밴드, 오케스트라, 연극 등 예체능 클럽과 수영, 아이스 하키, 골프, 승마 등 아웃도어 클럽 같은 다양한 활동을 자랑한다. 특히 봉사활동의 경우 학교 인근의 커뮤니티는 물론 해외 봉사활동을 통해 동기들과 함께 깊은 유대감을 느낄 수 있다.

보딩스쿨에는 데이스쿨에서 제공하기 힘든 또 다른 프로그램이 있는데 바로 주말 활동이다. 보딩스쿨의 특성상 재학생들은 학기 중에 캠퍼스를 벗어날 수 없기 때문에 다양한 주말 활동이 준비되어 있다. 주말 활동에는 계절별로 다양한 활동이 준비되어 있는데 겨울에는 스키장, 아이스하키 여름에는 수영, 승마를 즐길 수 있으며, 서바이벌 게임, 연극 관람, 전시회 관람, 유적지 방문, 스포츠 경기 관람 등 학생들이 지루할 틈을 주지 않는다.

보딩스쿨이 학생들을 위한 다양한 프로그램이 구비되어 있지만 이들의 주된 목적은 명문 대학 진학 준비와 글로벌 리더 양성이다. 실제로 보딩스쿨들은 대학 진학 준비 학교 'College Preparatory School'로 불리며 많은 학교들의 이름에 'Preparatory School'이 들어가 있다. 또 명문 보딩스쿨이란 이름에 걸맞게 매해 졸업생의 약 20~30%가 아이비리그에 진학한다. 이러한 진학률은 명문 보딩스쿨이 학생들에게 대학 진학에 최적화된 수업 커리큘럼을 제공하고 대외 활동을 통한 스펙 준비까지 폭넓게 지원해 주고 있기 때문이며 또한 명문 보딩스쿨과 아이비리그 대학과의 관계성도 작용한다.

명문대 합격률 못지않게 중요한 것은 입학한 명문대를 졸업하는 게 더욱 중요하다. 하지만 국내의 외고나 특목고, 과학고 학생들도 미국 명문대를 합격해도 아이비리그의 명문대 수준을 따라가지 못해 중도 하차하거나 수업을 따라가는 데 어려움을 겪는 경우가 많다고 하며 반면에 미국 보딩스쿨 출신들은 합격과 함께 문제없이 잘 적응하고 졸업을 한다.

Choate Rosemary Hall

실제로 미국 최고의 명문 보딩스쿨과 명문 대학으로 알려진 Phillips Academy Andover와 예일 대학교 Phillips Exeter Academy와 하버드대학, 그리고 The Lawrenceville School은 프린스턴 대학의 피더 스쿨(Feeder School)이다. 피더 스쿨은 단순히 그 의미가 먹여 살린다는 뜻이지만 여기서는 예비 학교라는 뜻으로 그만큼 해당 학교로 학생을 많이 입학시킨다는 의미다.

보딩스쿨은 단순히 지식을 주입하는 학원이 아닌 아이비리그 학생에 걸맞은 수준의 지식과 인성, 그리고 리더십을 갖추도록 교육시켜 명문 대학이 원하는 인재상을 자신들만의 고유 프로그램으로 완성해 아이비리그 대학으로 진학시킨다. 여기서 주목할 점은 명문 보딩스쿨에서 아이비리그로 진학은 끝이 아닌 시작이란 점이다. 명문 보딩스쿨은 미국 학생들뿐만 아니라 남미, 유럽, 아시아, 중동 등 각지에서 수많은 인재들이 모여 동고동락하는 곳이다. 이 학생들은 명문 보딩스쿨에서 만나 함께 아이비리그로 진출하고 후에 세계 각지에서 자신들의 분야에서 재능과 능력을 꽃피운다. 이들은 졸업 후에도 수시로 연락하고 매해 동창회에 모여 우정을 다지며 국내의 학부모들 모임도 별도로 있어 왕성하게 활동을 한다. 명문 보딩스쿨은 단순히 아이비리그 진출을 위한 발판이 아닌, 글로벌 비즈니스 세계에서 그들만의 리그를 만들어 새로운 세상을 만드는 것이다.

나만의 이상적인 학교 선택 – 미국 명문 보딩스쿨

서울 강남은 세계 사교육의 Mecca(메카)라고 불릴 정도며 자녀를 명문 대학에 보내기 위한 교육열과 사교육 투자가 이보다 더 많은 나라는 없을 것이다. 그럼에도 불구하고, 미국 아이비리그 대학 진출은 날이 갈수록 경쟁이 더 치열해지고 있어 합격은 더욱 힘들다.

4차 산업혁명 시대에 걸맞은 세계 어디에서나 잘 적응할 수 있는 '세계인'이란 비판적 사고(Critical Thinking), 독립심(Independence), 기업가정신(Entrepreneurship)과 투지력(Persistence) 등을 갖춘 젊은이들이다. 성공한 이들 중에는 다수의 공통점이 있다. 단순한 시험 또는 내신 위주의 교육만이 아닌 사회 활동을 통한 인생 교육 안에서 개인의 장점을 개발하는 훈련을 통해 훌륭한 인격을 형성하는 것이다. 그러한 최적의 환경을 제공해 주는 곳이 명문 미국 보딩스쿨이다.

미국 상위권 명문 보딩스쿨의 기준

지원자 입장에서는 보통 합격률 기준(Selectivity)으로 학교의 브랜드 파워를 중요시 생각하고 또한 자부심을 가질 것이다. 상위권에 속하는 보딩스쿨들은 세계에서 가장 우수한 인재들이 모이는 곳이고 교육 환경도 부족할 게 없는 최고이기 때문에 질적으로 별 차이가 없다고 한다.

그럼에도 이렇게 경미한 상위권 학교들을 합격률 기준으로 최근 'Top 10' 상위 1~10위를 봤을 때 8군데가 미국 동부 지역, 특히 교육 역사가 깊은 New England(뉴잉글랜드)에 위치한다는 것을 알 수 있다.

미국 보딩스쿨 순위(2023년 합격률 기준)

보딩스쿨	도시/주	합격률
Groton School	Groton, Massachusetts	9%
The Thacher School	Ojai, California	10%
Phillips Exeter Academy	Exeter, New Hampshire	10%
Choate Rosemary Hall	Wallingford, Connecticut	11%
Deerfield Academy	Deerfield, Massachusetts	12%
Phillips Academy Andover	Andover, Massachusetts	13%
Milton Academy	Milton, Massachusetts	14%
Cate School	Carpinteria, California	14%
Middlesex School	Concord, Massachusetts	14%
The Lawrenceville School	Lawrenceville, New Jersey	15%
St. Paul's School	Concord, New Hampshire	16%

Source: Boarding School Review

미국의 사립학교 재정 상황을 보면 하버드대학은 약 54조 원의 기금을 운용하고 있으며 아이비리그의 또 다른 대학인 예일대학도 40조 원의 기금을 운용하고 있다. 미국의 사립학교 재정 상황을 보면 대학이든 고등학교든 어떻게 보면 하나의 비즈니스 기관처럼 보인다. 미국의 사립학교는 학교 기금(Endowment)이 학교 순위를 좌우하는 또 하나의 객관적인 기준이다. 하이스쿨인 필립스(Phillips) 가문이 설립한 두 필립스 학교 기금은 1조가 넘는 엄청난 규모를 자랑하며 3위인 St. Paul's School과는 따라올 수 없는 큰 차이를 보인다. (Chapter 2 미국 보딩스쿨 순위 - 학교 기금 기준(2023) 참조)

명문 보딩스쿨 순위 기준이 합격률이든 학교 기금이든 사립 고등학교의 본질적인 목적은 명문대학 합격에 있다고 본다. 학교 이름 자체만으로도 알 수 있듯이 사립학교란 영어로 Private School이라고 부르지만 사립 고등학교를 통칭해 영어로 'Preparatory School'이라고 부른다. 'Preparatory' 란 준비(대비)를 뜻하며 바로 Harvard, Yale, Princeton 등의 Ivy League 대학 입학을 준비하는 학교라는 의미다.

이런 여러 가지 이유만으로 보딩스쿨 입학사정관은 지원자의 우수한 시험(SSAT TOEFL) 점수와 학업적인 요소만 고려해 합격시킬 것으로 판단하면 그건 실수다. 보딩스쿨의 입학사정관들은 학생들의 기존 준비된 자산만을 합격 기준으로 보지 않고 미래의 무형자산(Intangibles)까지도 고려한다. 즉 학생의 인격, 미래 가능성, 사회성 그리고 사회적 연줄 등도 고려하기 때문에 성적이 별로였던 미국 제41대 그리고 제43대 전 대통령 조지 허버트 워커 부시(George H. W. Bush)와 아들 조지 워커 부시(George W. Bush)도 Phillips Academy Andover를 합격시켰으며 부시 가문은 입학사정관을 실망시키지 않고 미국의 훌륭한 대통령으로 보답을 했다.

Phillips Academy Andover

보딩스쿨의 역사를 알아보자!

1892년 '커미티 오브 텐(Committee of Ten)'이라고 미국 교육협회(National Education Association)에서 개최한 교육계의 유명한 10명이 미국 중등교육 과정을 표준화시켰다. 그로 인하여 미국 중등교육(Secondary Education)이란 6학년부터 12학년의 기간을 의미하고 그 기간은 2단계로 나누어 첫 단계는 6~8학년으로 구성된 주니어 하이스쿨(Junior High School) 또는 미들 스쿨(Middle School)이며 두 번째 단계는 9~12학년으로 구성된 하이스쿨(High School)이다.

그렇다면, 보딩스쿨은 언제, 어떻게 설립되었을까? 역사상 처음으로 설립되었다고 추정되는 보딩스쿨은 영국 캔터베리에 위치한 The King's School이다. 597년에 세워진 The King's School은 승원 학교(Monastery school)로 시작되어 지금의 명문 보딩스쿨이 되었으며, Westminster School과 Winchester College 등은 14세기에 세워져 지금까지도 그 명맥을 잇고 있다. 한편 미국 보딩스쿨은 영국 사립학교를 모델로, West Nottingham Academy(est. 1744), Linden Hall School(est. 1756), The Governor's Academy(est. 1763) 그리고 Phillips Academy Andover(est. 1778) 등이 1700년대 중반부터 북동부 지역에 대학 진학을 위한 예비 학교로서 만들어졌다. 그래서 흔히 College Preparatory School이라 하고 대표적으로 Phillips Academy Andover와 Phillips Exeter Academy, Choate Rosemary Hall, Deerfield Academy가 있으며 지금은 명문 보딩스쿨로서 매해 수백, 수천 명의 글로벌 인재들을 배출해 내고 있다. 오늘날 보딩스쿨은 영국과 미국뿐만 아니라 유럽과 남미, 아시아 등 세계 각지에 널리 위치해 있다. 미국만 해도 50개 주에 걸쳐 300여 개 교가 넘으며, 영국에는 700여 개의 학교가 있으며 다양한 형태로 운영되고 있다.

다양한 보딩스쿨의 종류

보딩스쿨을 분류하면 크게 5가지로 주니어 보딩스쿨, 시니어 보딩스쿨, 예술 보딩스쿨, 사립사관 보딩스쿨, 스포츠 보딩스쿨로 구분된다.

- 주니어 보딩스쿨

대부분의 주니어 보딩스쿨은 G5~G9학년으로 운영되고 있으며, 시니어 명문 보딩스쿨(고등학교) 진학을 위한 예비 학교이다. 그중 몇 학교는 G3부터 신입생을 받는 학교도 있다.

- 시니어 보딩스쿨

대학 진학을 위한 예비 학교로서 보통 G9~G12학년으로 College Preparatory School이라고 한다. Grade 9은 우리나라 학제로 따진다면 중학교 3학년에 해당된다.

- 예술 보딩스쿨

미술, 음악, 문예 분야 예술 수업에 더욱 집중된 심화 수업을 통해 학생들의 예술적 재능을 촉진시킴과 동시에 창의적으로 육성하는 예술 학교이다.

- 사립사관 보딩스쿨

명문 보딩스쿨과 동일한 커리큘럼을 적용하나, 특별히 체력 단련과 학생들의 리더십, 책임감을 키우기 위한 프로그램들이 특화되어 있으며 학습 분위기 또한 매우 좋은 편이며 명문 대학교 합격을 많이 시킨다.

- 스포츠 보딩스쿨

스포츠 보딩스쿨의 경우 운동과 공부를 동시에 병행할 수 있는 환경이 조성되어 있고 학업뿐만 아니라 자녀가 원하는 운동 종목을 좋은 환경과 조건에서 이룰 수 있게 해 준다. 또한, 훌륭한 선수 뒤에는 항상 훌륭한 코치들이 있듯이 스포츠 보딩스쿨은 아이들의 장단점을 정확하게 판단하고 지원하기 위해 각 종목별 유능한 코치들이 준비되어 있다.

좀 더 자세한 학교 정보는 Chapter 6를 참고하면 된다. 추천 보딩스쿨 리스트에는 학교에 대한 기본적인 정보(School Feedback)와 지금까지 많은 학생들을 보딩스쿨에 입학시키며 느낀 점과 학교지원 시 유의할 점 등을 'Yes tip!'에 담았다.

우리가 알 만한 명문 보딩스쿨 졸업생들

　미국 명문 보딩스쿨은 세계적으로 수많은 인재를 배출했고 아직도 진행형이다. 미국 대통령만 해도 6명을 배출했다. 세계 최고의 명문 고등학교 Phillips Academy Andover 출신의 부시 가문 대통령들, Choate Rosemary Hall 출신의 존 F 케네디 대통령, 모건 스탠리를 설립한 The Hotchkiss School 출신 해롤드 스탠리, Deerfield Academy 출신인 요르단의 압둘라 국왕 등이 있으며 최근 졸업생들은 더욱 대단하다. Phillips Exeter Academy 출신인 페이스북의 마크 저커버그, 인스타그램 설립자인 Middlesex School 출신의 케빈 시스트롬, The Lawrenceville School 출신인 알리바바 그룹 부회장 조셉 챠이, St. Paul's School 출신의 한화그룹 김동관 부회장 등 글로벌 사회에 영향력 있는 리더들을 끊임없이 배출해 내는 교육기관으로 미국 명문 보딩스쿨을 따라올 데가 없다.

　그럼 명문 보딩스쿨이 글로벌 인재를 배출하는 것일까? 아니면 인재로서 이미 성장할 배경을 가진 학생들이 보딩스쿨을 선호하는 것일까? 정답은 둘 다이다. 한국 교육 시스템에서는 학생들이 선행 교육을 통해 명문 고등학교, 명문 대학에 입학할 수 있다. 하지만 명문 보딩스쿨에서는 선행교육보다는 관심 분야에서 더욱 깊이 있는 수업을 독려하며 학생들이 부모들과 일찍 떨어져 독립심을 기를 수 있도록 프로그램이 준비되어 있다. 보딩스쿨 학생들은 절제된 자유와 규율을 통해 사회의 엄정함을 배우고 스스로 내린 판단을 통해 책임감을 가지며 동료들과 코웍을 통해 조직문화와 리스크를 줄이는 훈련을 한다. 그리고 다양한 클럽활동을 통해 리더십과 팔로우십을 함께 배우며 무엇보다 이 모든 것을 자연스럽게 몸에 흡수한다. 대학 시절부터 성인이 되는 연습을 하는 것이 아닌 하이스쿨에서 성인이 되는 연습을 한 명문 보딩스쿨 재학생들은 판단력, 독립심 또는 생활 측면에서 다른 동급 학생들보다 빠른 준비를 통해 성공하는 인재가 되는 것이다. 또한 경쟁력 있는 인재들과 매일 캠퍼스 안팎에서 경쟁을 하다 보면 본인 또한 경쟁력을 갖출 수밖에 없다.

– 보딩스쿨 출신 역대 미국 대통령

1. Franklin Pierce - 14th US President [Phillips Exeter Academy]

2. Franklin D. Roosevelt - 32nd US President [Groton School]

3. John F. Kennedy - 35th US President [Choate Rosemary Hall]

4. George H. Bush - 41st US President [Phillips Academy Andover]

5. George W. Bush - 43rd US President [Phillips Academy Andover]

6. Donald Trump - 45th US President [New York Military Academy]

우리 자녀에게
맞는 보딩스쿨
선택 기준은?

A.

미국 보딩스쿨의 다양한 분야별 순위

많은 학부모들은 미국 아이비리그 진학이 궁극적인 목표이다 보니 'Top 10 보딩스쿨' 혹은 '명문 보딩스쿨' 합격을 원하며 그에 따라 보딩스쿨 랭킹을 절대적으로 신봉한다. 하지만 300여 개가 넘는 보딩스쿨들은 나름 각각의 특성과 특징이 있으며, 이를 단순히 랭킹으로만 판단하기엔 한계가 있다. 당장 인터넷 검색에서 나오는 랭킹 차트는 Forbes, 프렙 리뷰 같은 곳에서 매년 랭킹을 만드는데 랭킹 기준이 SAT 평균 성적뿐 아니라 아이비리그에 입학한 학생 수, 학교의 자산이 얼마나 많은지, 졸업생 만족도 등으로 학교별 객관적 비교 자료로는 유용하지만 절대적으로 우월하다고 판단할 자료가 될 수 없다. 단, 아이비리그 같은 명문 대학교나 사회에서 명문 보딩스쿨 출신 학생을 우대하는 판단은 별개로 봐야 한다.

모든 학교는 각기 다른 특성과 특징, 그리고 특별히 중점을 두고 육성하는 교육 프로그램을 가지고 있다. 학교의 위치, 종교, 고유 문화는 물론이고 재학생 수 같은 단순한 요소로도 학교별 차이점이 생긴다. 예를 들어, 큰 규모의 학교는 다양한 시설, 활동, 프로그램 등이 준비되지만, 규모가 큰 만큼 교사 한 명이 커버해야 하는 학생의 수가 늘어나기 때문에 교사에게 보다 많은 관심이 필요한 학생에겐 불리할 수도 있다. 또 학교의 규모가 작은 경우 교사 대 학생 비율이 낮아 많은 관심을 받을 수 있으며 학생들끼리 단합이 매우 잘되어 가족적인 분위기가 형성된다. 반면에 규모가 작은 만큼 제공하는 프로그램 등이 질적으로 밀리진 않지만 양적으로 부족할 수도 있다.

결국 평가 순위의 기준을 정하기 위해서는 다양한 객관적인 요소로 학교들의 종합적인 순위를 평가할 수밖에 없는데 이 기준은 평가 기관별로 조금씩 차이가 있다. 평가 요소는 주로 학교의 자산, 아이비리그 진학률, 교사 대 학생 비율, 평균 SAT 점수, AP 과목의 수, 운동 팀의 수, 출신 학생의 다양성을 알 수 있는 국가의 수, 매해 장학금 수혜율 등 다양하다. 이로 인해 여러 매체의 명문 보딩스쿨 랭킹은 크게 차이를 보이는데, 좋은 예시로는 Associated Press(AP)와 Business Insider의 랭킹 기준이 있다. AP의 랭킹 기준은 자산, 시설, 유명세, 역사가 큰 비중을 차지하기 때문에 매해 큰 차이가 나지 않는 반면, Business Insider의 랭킹은 진보적인 성향을 보이는 기관으로 매해 변화하는 교육 환경을 반영하며 평가하는 매체이다.

이와 같이 미국 내에서도 다양한 잣대로 학교를 평가하기에 한국 학부모들이 학교를 판단할 때 도움이 될 만한 중요한 요소들을 몇 가지로 추려 여러 형태의 순위를 제시해 본다.

미국 보딩스쿨 순위 - Ivy League 진학률 기준

순위	학교명	Ivy League, MIT & Stanford Placement (%)
1	Phillips Academy Andover(필립스 앤도버 스쿨)	31%
2	The Lawrenceville School(로렌스빌 스쿨)	30%
3	Groton School(그라튼 스쿨)	29%
4	Phillips Exeter Academy(필립스 엑시터 아카데미)	28%
5	Milton academy(밀튼 아카데미)	28%
6	St. Paul's School(세인트 폴스 스쿨)	27%
7	The Hotchkiss School(하치키스 스쿨)	24%
8	Deerfield Academy(디어필드 아카데미)	23%
9	Middlesex School(미들섹스 스쿨)	19%
10	Choate Rosemary Hall(초우트 로즈메리 홀)	19%

Source: Prep Review

미국 보딩스쿨 순위 - 학교 기금 기준(2023)

	보딩스쿨	도시/주	USD (Million)	한화 (원)
1	Phillips Academy Andover	Andover, Massachusetts	$1,134	1조4917억
2	St. Paul's School	Concord, New Hampshire	$673	8,853억
3	Culver Academies	Culver, Indiana	$540	7,104억
4	Deerfield Academy	Deerfield, Massachusetts	$532	6,998억
5	Groton School	Groton, Massachusetts	$477	6,275억

6	The Lawrenceville School	Lawrenceville, New Jersey	$459	6,038억
7	Woodberry Forest School	Woodberry Forest, Virginia	$450	5,920억
8	Choate Rosemary Hall	Wallingford, Connecticut	$396	3,894억
9	Mercersburg Academy	Mercersburg, Pennsylvania	$362	4,762억
10	Milton Academy	Milton, Massachusetts	$325	4,639억

Source: Boarding School Review

미국 보딩스쿨 순위 - 학생 만족도 기준

순위	학교명	도시/주
1	Phillips Exeter Academy(필립스 엑시터 아카데미)	Exeter, New Hampshire
2	Phillips Academy Andover(필립스 아카데미 앤도버)	Andover, Massachusetts
3	Choate Rosemary Hall(초우트 로즈메리 홀)	Wallingford, Connecticut
4	The Lawrenceville School(로렌스빌 스쿨)	Lawrenceville, New Jersey
5	The Hotchkiss School(하치키스 스쿨)	Lakeville, Connecticut
6	St. Paul's School(세인트 폴스 스쿨)	Concord, New Hampshire
7	Deerfield Academy(디어필드 아카데미)	Deerfield, Massachusetts
8	Cate School(케이트 스쿨)	Carpinteria, California
9	Middlesex School(미들섹스 스쿨)	Concord, Massachusetts
10	Groton School(그라튼 스쿨)	Groton, Massachusetts

Source: NICHE

미국 명문 보딩스쿨 합격 전략

예스유학 기준 미국 보딩스쿨 순위

(교사 대 학생 비율, 명문 대학 진학률, AP 과목과 활동 수, 대학 합격률 기준)

순위	School Name
1	Phillips Exeter Academy(필립스 엑시터 아카데미)
2	Groton School(그라튼 스쿨)
3	The Lawrenceville School(로렌스빌 스쿨)
4	Phillips Academy Andover(필립스 아카데미 앤도버)
5	Milton academy(밀튼 아카데미)
6	The Hotchkiss School(하치키스 스쿨)
7	St. Paul's School(세인트 폴스 스쿨)
8	Deerfield Academy(디어필드 아카데미)
9	Choate Rosemary Hall(초우트 로즈메리 홀)
10	Middlesex School(미들섹스 스쿨)
11	The Thacher School(테처 스쿨)
12	Cate School(케이트 스쿨)
13	The Taft School(테프트 스쿨)
14	Peddie School(페디 스쿨)
15	Concord Academy(콘코드 아카데미)
16	St. Andrew's School(세인트 앤드류스 스쿨)
17	Kent School(켄트 스쿨)
18	St. Mark's School(세인트 마크스 스쿨)
19	The Hill School(힐 스쿨)
20	Loomis Chaffee School(루미스 체피 스쿨)

Source: Yes Uhak

국내에서 미국 명문 보딩스쿨 컨설팅을 전문으로 정평이 난 '예스유학'은 명문 보딩 'Top 20위 학교'를 자체적으로 평가한다.

평가 기준은 모든 공적인 자료인 명문대 진학률, AP 과목 수, 학교 자산, SAT 평균 점수 등을 바탕으로 국내파 재학생들과 학부모 만족도, 졸업 후 동문회 만족도까지 감안하여 순위를 산정한다.

프렙스쿨이란?

College Preparatory School은 대학 준비 고등학교이다. 쉽게 말해 대학 진학을 희망하는 학생들이 대학 진학을 잘하기 위해 짜인 커리큘럼 안에서 공부하는 학교를 프렙스쿨(Prep School)이라 칭한다. 미국에서 프렙스쿨이라 하면 보통 엘리트 교육을 제공하는 비싼 학비에 입학이 매우 까다로운 사립학교로 인식되고 있다. 프렙스쿨은 집에서 통학하는 데이스쿨(Day School)과 학교에서 기숙하는 Boarding School로 나뉜다.

프렙스쿨의 장점은 학교 측에서 학생들이 대학에서 성공할 수 있게 커리큘럼을 만들고 그에 필요한 교구와 시설을 원하는 대로 구비하며 학생들의 활동을 감독하고 지도할 전문적인 교사들이 있다. 그런 이유로 학비는 사립대학 학비만큼 비싸고 입학 경쟁 또한 치열하다.

그럼 프렙스쿨의 미션은 무엇일까? 이름 그대로 학생들을 명문 대학에 입학시키는 것이 목표다. 그렇기에 학교들은 매년 졸업생들의 대학 진학 실적을 홈페이지에 개제하고 본 교의 성과를 자랑한다.

미국 프렙스쿨 순위 - 2023 Ivy League 진학률 기준

순위	School Name
1	Stanford Online High School (Redwood City, CA)
2	Harvard-Westlake School (Los Angeles, CA)
3	Phillips Academy Andover (Andover, MA)
4	Choate Rosemary Hall (Wallingford, CT)
5	St. Mark's School of Texas (Dallas, TX)
6	Trinity School (New York, NY)
7	The Brearley School (New York, NY)
8	Phillips Exeter Academy (Exeter, NH)

9	The College Preparatory School (Oakland, CA)
10	Crystal Springs Uplands School (Hillsborough, CA)
11	Groton School (Groton, MA)
12	Commonwealth School (Boston, MA)
13	Horace Mann School (Bronx, NY)
14	The Lawrenceville School (Lawrenceville, NJ)

Source: Niche

한국 학부모들 인식으로는 미국 명문대 합격은 명문 보딩스쿨이 가장 좋다고 생각하지만 2000년대 들어서면서 동부의 뉴욕, 보스턴 또는 서부의 샌프란시스코, LA 같은 대도시에 위치한 데이 프렙스쿨들의 명문대 합격 실적이 우수한 결과를 내고 있다.

그렇다면 국제학생들에게 데이 프렙스쿨이 아닌 보딩 프렙스쿨 인기는 왜 매년 치솟고 있을까? 그 이유는 너무나 간단하다. 미국 명문 데이스쿨 대부분이 유학생을 안 뽑기 때문이다. 학생 비자를 발급받기 위해 필요한 I-20(입학허가서)를 발급하는 학교가 많지 않고 또 부모와 함께 학교 인근에 거주하지 않으면 학교 지원조차 못한다. 따라서 미국에 거주하지 않는 외국 학생들은 I-20 발급에 어려움이 없고 학교 인근에 거주지가 없어도 되는 보딩스쿨을 선택해야 하기 때문에 인기가 매년 높아지는 것이 현실적인 이유다.

하버드가 인정한 특별한 수업 방식, 하크니스 테이블(Harkness Table)

The Governor's Academy

　대부분의 학생들이 처음 보딩스쿨로 입학해 적응하기 어려운 부분은 기숙사 생활이나 미국 문화가 아닌 '토론식 수업'이라고 말한다. 우리나라의 교육 방식인 암기 공부와 서양의 토론식 수업의 차이는 많이들 알지만 토론식 수업을 어떻게 진행하는지는 잘 모른다. 따라서 우리나라 학생들이 처음 접하는 토론식 수업 방식에 적잖이 당황하고 또한 적응 기간이 필요하다.

　특히 필립스 엑시터 아카데미(Phillips Exeter Academy)에서 시작된 토론 수업 방식인 하크니스 테이블(Harkness Table)은 여러 토론식 수업 중 현재 대부분 보딩스쿨에서 사용하고 있어 유명하다.

　1930년 4월 9일 자선가 Edward Harkness는 Exeter 교장에게 하나의 제안을 하게 된다. 모든 학생들에게 같은 기회가 주어지는 새로운 방식의 수업을 고안해 내면 거액을 기부하겠다고 하여 소크라테스식(Socratic Method) 교육에서 발전한 12명의 학생들이 원탁 테이블에 둘러앉아 서로의

52　　　미국 명문 보딩스쿨 합격 전략

의견과 지식을 주고받는 수업 방식이 선택되었고, 자선가 Edward의 성을 따서 Harkness Table 수업이 탄생하게 되었다.

필립스 엑시터 학생들은 전통적인 수업 방식인 선생님의 강의를 듣거나 받아쓰기를 하지 않는다. 대신 수업 전에 전달된 수업 내용을 미리 공부하고 리서치해서 수업 준비를 하고 서로 준비한 내용으로 토론하며 지식과 생각을 주고받는다. 교사들은 원활한 토론이 이뤄질 수 있도록 조력자 역할을 하고 질문을 유도한다. 본인 생각을 전달해야 하기 때문에 이러한 토론식 수업을 통해 학생들은 스스로 공부하고 준비한다. 미리 수업 준비를 하지 않고 참여하게 되면 수업 중 한마디도 하지 못하고 나오게 된다. 또한 질문을 하고 본인 주장을 펼치기 위해서는 스스로 생각을 정리하기 때문에 암기식 공부보다 훨씬 효율적이다.

The Masters School

하크니스 테이블 수업을 시작한 1930년부터 지금까지 Phillips Exeter Academy는 남다른 공부 방식으로 수많은 인재를 배출하고 하버드대학의 피더 스쿨(Feeder School)에 걸맞게 수많은 졸업생들을 하버드대학을 포함한 아이비리그(Ivy League) 대학에 진학시켰으며 졸업생 중 무려 약 30% 정도의 학생들이 아직도 아이비리그에 진학하고 있다.

하크니스 테이블식 토론 수업의 성공은 이제 대부분의 보딩스쿨에서 진행되고 있으며, 하버드 대학에서도 인정한 교육 방식으로 현재 하버드, 프린스턴, 예일대학 등 최고 명문 대학 수업에서도 도입해 적용하고 있다.

따라서 하크니스식 수업을 진행하는 학교들은 학생들을 숙제와 시험 점수만이 아닌 토론 준비 여부와 태도 및 기여도 등을 고려해 평가한다. 학교 수업 방식을 통해 자연스럽게 습득한 성실성과 상대의 대화에 귀 기울이고 자신의 주장을 하는 방식을 통해 사회성과 리더십 등 다양한 인재상을 갖추게 된다.

대부분의 미국 정치 지도자들은 이러한 토론식 수업을 배운 졸업생이며, 미국의 4차 산업혁명과 수많은 스타트업(Start-Up)을 이끌고 있는 CEO들이 보딩스쿨 출신이다. 이러한 교육 방식이 페이스북을 창업한 마크 저커버그와 같이 우수한 인재들을 배출했으며 또한 영향력 있는 리더들을 만든 힘이 되지 않았을까 생각한다.

- 재미있는 FACT

Source: readwrite.com

마크 저커버그가 다녔던 Phillips Exeter Academy는 신입생들에게 전교생 정보가 담긴 'The Photo Address Book' 앨범을 나누어 주는 전통이 있다. Phillips Exeter Academy 학생들은 전교생의 얼굴과 개인의 정보가 담긴 앨범을 'The Facebook'이라 칭했다. 마크 저커버그가 설립한 페이스북은 고교 학창시절의 페이스북을 벤치마킹해 성공한 케이스다. Phillips Exeter Academy 학생들은 앨범을 보며 모르는 친구들과 연락도 하고, 이성의 외모를 평가하며 시간을 보내기도 했다고 한다. 필립스 엑시터의 앨범과 지금 Facebook이 많이 닮아 있다는 건 나만의 생각일까? 마크 저커버그의 캠퍼스 라이프는 전 세계인에게 새로운 라이프를 경험하게 하는 인사이트가 된 것이다.

치열한 입학 경쟁 어떻게 뚫어야 하나?

미국 명문 보딩스쿨들은 매년 매우 치열한 경쟁률을 보였으며 많은 학생들이 탈락의 고배를 마신다. 각 학교들에 따르면 입학을 위해 평균적으로 Phillips Exeter Academy에 2,500명 이상, Choate Rosemary Hall에 2,400명 이상, Top 10 밖 학교인 The Taft School 또한 1,700명 이상 지원한다고 한다. 더욱 놀라운 사실은 매년 지원자 수가 증가하고 있는 추세이다. 전체 지원자들에 비해 한국 학생이 입학 가능한 자리는 너무나도 제한적이라 Harvard 또는 Stanford와 같은 아이비리그 대학들보다 입학이 힘들다고 말한다.

흔히 말하는 최고의 명문, Top 10이라 불리는 Phillips Academy Andover, Phillips Exeter Academy, Deerfield, Hotchkiss 등 학교들은 매년 최다 분량의 지원서를 받고 있기 때문에 최소 1년 전부터 원서 준비를 시작하지 않는다면 입학의 문턱을 넘는 것은 매우 어렵다. 수많은 지원서 속에서 입학사정관의 눈길을 사로잡는 것은 쉽지 않기에 전문가와 함께 오랜 기간 동안 입시 전략과 마스터플랜을 세워 완성도 높은 차별화된 지원서를 준비하는 것이 중요하다.

특히 까다로운 명문 보딩스쿨의 입학 절차에서 내신, SSAT/TOEFL 등의 시험 점수 못지 않게 가장 중요하다고 평가되는 것은 학생 본인을 어필할 수 있는 인터뷰이다. 인터뷰가 합격을 결정하는 핵심적인 비중을 차지할 수밖에 없는 이유는 명문 보딩스쿨이 내세우는 그들만의 특성들 때문이다. 학교들은 자신들만의 고유 문화와 역사, 비전, 교풍 등을 자랑하며 신입생의 선발 기준과 인재상이 판이하다. 입학처장들은 단순히 서류상으로 확인되는 학업 성취도와 스펙만이 아닌, 학생의 인성, 성향 등을 면밀히 파악하기 위해 매우 상세한 대면 인터뷰를 진행한다. 이 과정에서 서류상으로는 최고의 학생일지라도 충분한 준비 없이 인터뷰를 진행할 경우 큰 낭패를 볼 수 있기에 충분한 준비 과정을 거칠 필요가 있다.

미리 준비해야 승산이 있다!

The Fessenden School

뛰어난 학생들이 세계에서 몰려들어 보딩스쿨 입학을 희망하는 학생들이 증가하는 구조로 인해 우리 아이가 세계 최고 명문 보딩스쿨에 입학하기는 갈수록 어려워지고 있다. 특히 미국 학교들은 다양성 유지를 위해 대양주별, 국가별로 모집하는 신입 학생 수의 제한을 두는데, 이로 인해 특정 국가의 경쟁률은 더 높이 치솟는다. 그렇다면 어떻게 해야 우리 자녀가 합격 레터를 받을 수 있을까?

완벽한 내신(GPA), SSAT/TOEFL 고득점은 대부분의 학생들이 제출하는 기본 스펙이므로 이것만으로 합격하기는 쉽지 않다. 따라서, 우리 학생만의 특별한 재능을 어떻게 어필해야 할까? 특별한 재능은 공부, 예술, 스포츠 등 어떤 분야든 상관이 없지만 학교에 입학해 큰 영향력을 줄 수 있는 능력이라면 더욱 유리하다. 특출한 재능은 하루 아침에 완성되는 것이 아니기에 미리 계획하고 철저히 준비해야만 합격 레터를 손에 쥘 수 있다.

따라서 이와 같이 높은 합격의 문턱에도 불구하고, 비교적 쉽게 합격에 성공하는 학생들이 있다. 이들은 바로 주니어 보딩스쿨(Junior Boarding School)을 졸업한 학생들이다. 주니어 보딩스쿨이란, 한국의 중학교 개념으로 명문 보딩스쿨들과 유사한 프로그램과 스케줄을 바탕으로 운영된다. 이 때문에 주니어 보딩스쿨 출신 학생들은 타 학교 학생들에 비해 순조롭게 학교생활에 적응을 하며, 학업 면에서도 큰 강점을 보인다. 주니어 보딩스쿨들은 Secondary Placement 프로그램을 통해 명문 보딩스쿨 입시에 도전하는 학생들을 위해 적극적인 조언과 지원을 제공하여 성공적인 명문 보딩스쿨 합격을 준비하는 데 보다 유리한 환경을 마련해 준다. 실제로 많은 학생들이 **주니어 보딩스쿨 → 명문 시니어 보딩스쿨 → 아이비리그 대학**의 과정을 거치고 있다.

대안은 주니어 보딩스쿨이다!

　　명문 보딩스쿨 입학 경쟁이 치열해지면서 부모들은 좀 더 이른 나이에 자녀들의 성공적인 명문 보딩스쿨 입학을 준비하기 위해 주니어 보딩스쿨로 눈을 돌리고 있다. 주니어 보딩스쿨은 손가락 으로 꼽을 정도로 학교가 몇 되지 않고, 적은 TO에 비해 경쟁률은 점점 치열해지고 있는 양상이라 입학이 더욱 어려워지고 있다. 주니어 보딩스쿨은 명문 보딩스쿨의 축소판으로 주로 5학년부터 9 학년을 위한 사립 기숙 중학교로, 기숙사 생활 및 단체활동, 수준 높은 학과 수업, 다양한 방과 후 활동, 그리고 올바른 인성 배양을 통하여 세상을 이끌어 나가는 글로벌 인재 양성의 출발점이라고 볼 수 있다.

Cardigan Mountain School

주니어 보딩스쿨 졸업생들은 대부분 Phillips Academy Andover, Phillips Exeter Academy, Groton School, The Hotchkiss School, Deerfield Academy 등 유수의 명문 보딩스쿨로 진학한다. 세계의 많은 유력 인물들이 주니어 보딩스쿨 출신이거나 자신의 자녀들을 주니어 보딩스쿨로 보내는 것이 이 사실을 입증한다. 실제로 압둘라 2세 현 요르단 국왕과 유명한 영화배우 마이클 더글라스는 Eaglebrook School 졸업생이며, 마이클 더글라스의 아들과 자동차 왕 헨리 포드의 증손자 에드젤 포드 2세 역시 Eaglebrook을 졸업하였다. 이와 같은 현상은 상류층 가문들이 주니어 보딩스쿨 환경에 매우 만족하며, 자신의 자녀들을 보내는 데 주저하지 않는다.

명문 보딩스쿨 합격의 최고 준비 과정은 주니어 보딩스쿨 입학이다. 그렇기에 주니어 보딩스쿨 입학을 꿈꾸는 비율이 계속해 증가하는 이유이다.

- 주니어 보딩스쿨 리스트

1. Cardigan Mountain School(NH)

2. Eaglebrook School(MA)

3. Fay School(MA)

4. Hillside School(MA)

5. Indian Mountain School(CT)

6. Rumsey Hall School(CT)

7. The Bement School(MA)

8. The Fessenden School(MA)

9. The Rectory School(CT)

10. Applewild School(MA)

11. Hillside School(MA)

12. North Country School(NY)

• 주니어 보딩스쿨에 대한 자세한 정보는 Chapter 6를 참고하면 된다.

CHAPTER 3

어떤 학생이
Top 보딩스쿨에
합격할까?

보딩스쿨을 지원할 때 꼭 유의할 점은 지원서 마감일이다. 주니어 보딩스쿨은 12월 15일이며 시니어 보딩스쿨은 1월 15일과 1월 30일로 크게 나누어진다. 추가적으로 Choate Rosemary Hall의 경우는 1월 15일로 지원 마감일이 지정되어 있다. 따라서 학교의 지원 마감일을 꼭 확인하는 것이 중요하다.

보딩스쿨 지원 절차

1. Inquiry Form

각 학교 웹사이트에 들어가서 Inquiry Form을 작성해야 된다. 기본적인 정보를 제출해야 학교 시스템에 입력이 되어 학교 지원 절차 관련된 소식을 메일로 전달받을 수 있고 인터뷰를 잡을 수 있다.

2. 인터뷰

지원 절차 중 에세이와 동일하게 중요하며 예약을 잡고 현지 인터뷰를 가야 된다. 예약 전 꼭 Inquiry Form을 작성해야 인터뷰를 잡아 준다.

Inquiry Form은 이틀 전에 제출하는 것을 추천한다. 시스템상 처리하는 시간이 걸려 제출 후 바로 전화하여 예약을 잡으려 하면 학교 측에 정보가 뜨지 않을 수 있다.

3. 학교 지원서

공통 지원서 또는 학교 지원서를 작성해야 한다. 공통지원서는 SAO(SSAT 기관 통해) 또는

Gateway가 있으며 지원 희망하는 학교에서 둘 중 어떤 공통 원서를 사용해야 하는지 홈페이지에서 확인 가능하다. 모든 학교가 공통 원서를 받는 건 아니고 학교 고유의 원서를 사용하는 경우도 있으니 학교 홈페이지에서 먼저 확인해야 된다.

4. 학생 에세이

학생 에세이가 지원 절차에서 가장 중요한 부분이다. 입학사정관들은 학생의 에세이를 통해 학생의 성격, 관점, 성향 등을 알아보고 학교에 입학할 경우 학교 커뮤니티에 잘 적응하여 좋은 결과를 낼 수 있을지 판단한다.

> 비판적인 사고도 중요하지만 학생이 다니고 있는 학교 및 한국 교육 시스템을 비판하면 안 된다. 최대한 긍정적으로 에세이를 써 보자!

5. 부모님 에세이

학생의 성향, 태도, 습관, 장단점 등을 알아보기 위해 부모님 에세이를 요구한다. 두리뭉실하게 쓰면 안 되고 디테일하게 쓰는 것이 좋으며 스토리를 가지고 쓰는 것이 어필하는 데 효과적이다.

> 학생의 장점을 살려 꼼꼼히 쓰는 것도 중요하지만 단점을 쓰라고 할 때 없다고 쓰면 안 되며(완벽한 학생은 없으니) 작은 것 한두 개라도 쓰되 단점을 어떻게 극복했는지 진솔함을 담아 쓰는 것이 좋다.

6. 재학 중인 학교 추천서와 성적 증명서

추천서: 학교에서 어떻게 생활하는지, 어떤 학생인지 알기 위해 선생님 추천서를 요청한다. 영어, 수학, 담임/교장 선생님 추천서는 기본이며 학교에 따라 스포츠 코치, 음악 선생님, 제2외국어 또는 추가로 다른 과목 선생님의 추천서를 요청할 수 있으며 모든 학교에 따라 요구하는 추천서 수와 양식이 다르니 미리 확인하는 것이 좋다.

성적증명서: 2년 반에서 3년 동안의 성적표를 요구한다. 만약 3년간 여러 학교에 재학했다면 현재 학교뿐만 아니라 이전 학교들의 성적표도 제출해야 한다.

7. SSAT 시험(Secondary School Admission Test) 제출

미국 명문 사립고등학교 또는 보딩스쿨 입학을 준비하는 학생에게 기본적으로 요구되는 시험이다. 미국 현지 학생들도 동일한 시험을 응시하며, 한국에서는 연 8회의 시험이 있으나 매년 시험 일정이 변경되고 있으며 최근에는 2~3번(11월~1월) 서울과 제주도에서 응시 가능하니 SSAT 기관 웹사이트를 참고하기 바란다.

시험구성: 어휘(Verbal), 독해(Reading), 수학(Quantitative), 작문(Writing)

SSAT 시험 등록은 매년 8월 시험 일정을 업데이트하니 확인하고, 시험 점수 제출은 SSAT 기관 웹사이트에서 하면 된다.

8. TOEFL 시험 제출

영어를 모국어로 하지 않는 학생들이 외국 학교 입시를 준비할 때 영어 성적을 객관적으로 판단할 수 있으며, 시험 결과로 영어를 얼마나 잘 이해하고 구사할 수 있는지를 평가한다.

TOEFL 시험을 응시할 수 있는 장소가 많은 편이며 매주 토요일 또는 일요일 응시 가능하다.

시험 점수는 ETS(TOEFL 기관)에 일정 금액을 지불한 후 ETS에서 우편으로 지원 학교로 발송하니 최소 마감일 2주 전에 발송할 것을 추천한다.

9. Graded Essay

모든 학교에서 요청하는 것은 아니지만 현재 재학 중인 학교에서 역사 또는 영어 수업 시간에 제출한(선생님께 점수 받은) 에세이를 제출해야 된다. 평소 어떤 레벨로 글로 쓰는지를 확인하기 위해서다.

10. Resume

학생의 정보를 잘 정리한 파일을 만들면 어필하는 데 도움이 된다.

학생의 특기, 상장, 수상 실적을 잘 정리해서 입학 관계자가 쉽게 볼 수 있게 만들자!

11. 포트폴리오(Portfolio)

지원자가 예술 쪽으로 활동한 내역이 많으면 추가로 해당 특기에 대한 포트폴리오/영상 제출을 요구할 수 있다.

12. 원서비(Application Fee) 지불

지원하는 학교마다 원서 제출 시 비용을 결제하게 되어 있다. 비용은 각 학교마다 다르며 평균 $100-$150이다.

지원서 종류

1. 학교 지원서

기본적으로 모든 학교들은 'Admissions' 페이지를 보면 학교 웹사이트에서 바로 작업할 수 있는 지원서를 찾을 수 있다. 지원하는 학교 개수가 적으면 학교 지원서를 이용하는 것도 괜찮지만 학생과 가족 정보를 반복적으로 기입하므로 많은 시간이 들고 반복적인 작업을 할 수 있다. 또한 각 학교마다 에세이 질문이 달라서 그만큼 쓰는 것도 많아지는 점을 참고해야 한다.

2. 공통 지원서

지원자들의 편리성을 위해 공통 지원서가 만들어졌다. 모든 학교들이 받는 것은 아니지만 복수로 학교를 지원하는 학생들은 이용이 편리하다. 공통 지원서에는 기본 지원서, 학생과 부모님 에세이를 찾을 수 있으며 또한 재학 중인 학교 선생님께 추천서와 성적증명서를 온라인으로 요청할 수 있는 시스템을 가지고 있다. 선생님들은 한번 추천서를 온라인으로 작성한 후 제출을 하면 해당 공통 지원서로 지원하는 학교들에게 자동으로 발송되는 편리한 시스템이다. 또한 해당 선생님이 추천서를 작성하기 시작했는지, 완료했는지도 확인이 가능하여 감사 인사 또는 빠른 작성을 해 달라는 요청 메시지도 보낼 수 있다.

• Standard Application Online (SAO)

SAO는 SSAT 기관을 통해 쓰는 지원서다. 많은 보딩스쿨들이 받고 있으며 비교적 써야 되는 에세이 부분이 짧다는 장점을 가지고 있다. SAO를 통해 작성하는 공통 지원서와, 부모님 에세이, 학생 에세이는 제출 시 동일하게 SAO를 통해 지원하는 학교에 발송이 된다. 지원 학교에 따라 기본 에세이 주제 외에도 추가로 에세이 주제가 숨겨져 있는 경우가 있으니 꼼꼼히 확인해야 한다.

기본 에세이들이 SAO를 통해 지원하는 학교에 동일하게 발송이 되니 에세이 본문에 특정한 학교 이름을 쓰지 말 것!

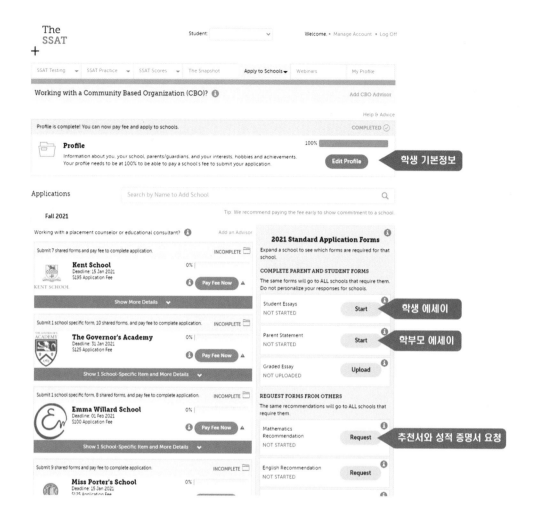

• Gateway to Prep Schools

Gateway는 일종의 공통 지원서다. SAO만큼 학교들이 다 이용하지는 않지만 SAO를 안 받는 학교들이 이용하는 경우가 있다. SAO와 다른 점은 Gateway를 통해서 지원하는 학교들에는 학생 기본 정보만 동일하게 발송이 된다. 학생 에세이와 부모님 에세이는 각 학교만의 질문을 이용하여 작성하면 되지만 에세이 분량이 많다는 단점이 있다.

글자 수 제한을 잘 확인해야 된다. 글자 수가 넘으면 제출이 안 된다.

미국 명문 보딩스쿨 합격 전략

인터뷰가 중요하다!

인터뷰 준비 이렇게 하라!

명문 보딩스쿨의 지원 절차 중 학교 인터뷰가 있다. 보통 명문 보딩스쿨 지원자는 5~10개 학교를 동시에 지원한다. 명문 보딩스쿨을 지원하는 학생들은 사전에 일정을 잡아 부모님과 함께 직접 학교를 둘러보고 학교 담당자와 인터뷰를 진행한다.

대부분의 명문 보딩스쿨은 학교를 방문하여 진행하는 인터뷰가 반드시 필요한 절차이며, 자녀가 인터뷰를 하는 동안 부모는 학교의 국제 학생 담당자 또는 재학생에게 궁금한 것을 물어볼 수도 있다. 학생들이 학교를 직접 방문함으로써 자신에게 적합한 학교인지 여부를 탐색할 수 있는 최적의 기회이며 인터뷰 투어 시 간혹 청강을 할 수 있는 학교도 있으며 일부 상위권 학교의 경우는 사전에 토플 점수를 제출하는 학생에 한해서만 인터뷰 방문을 허용하기도 한다.

St. Paul's School

인터뷰는 보딩스쿨 지원 과정에서 중요한 부분 중 하나다. 입학사정관이 에세이에서 확인할 수 없는 학생의 성격, 인상, 표정, 생각하는 과정을 지켜볼 수 있기 때문이다. 학생이 성적 또는 공인 점수가 조금 부족해도 인터뷰를 잘 마치면 합격률은 더 높아진다. 왜냐하면 입학사정관은 학생의 스펙만 보는 게 아니라 인터뷰를 통해 학생의 숨은 잠재력과 미래의 성공 가능성까지 본다. 인터뷰 때 좋은 인상을 남기는 것이 가장 중요하며 지원하는 학교에 대한 정보, 특정 프로그램, 학생이 합격 후 하고 싶은 것들을 미리 준비해서 말의 흐름을 잘 이어 갈 수 있도록 연습하고 가는 것을 추천한다.

학교에 대한 사전 정보가 있어야 인터뷰 시 할 말이 생기고 학교에 대한 관심을 많이 갖고 있어야 긍정적이고 적극적인 모습을 보여 줄 수 있다. 또 질문 받을 내용과 질문할 내용을 다양하게 준비해 밝고 적극적인 학생임을 보여 주는 것이 좋다.

인터뷰 시기 및 예상 질문은?

- 인터뷰 시기

인터뷰 투어는 보통 다음 해 가을 지원하는 경우 올해 9월에서 다음 해 1월 사이에 주로 진행한다. 1월에 인터뷰를 잡을 경우, 미국 동부의 날씨 문제(스톰)와 많은 학생들이 방문하는 시기이므로 학교 측과 충분한 시간을 갖고 사전 예약하는 것이 필수이다.

St. George's School

– 예상 인터뷰 질문

a. Tell me about yourself.

b. Can you tell me about your family?

c. What school do you go to?

d. What are some of the subjects that you are currently taking?

e. What is your favorite subject? Why?

f. Can you tell me your schedule for a typical day?

g. What extracurricular activities do you partake in?

h. What was the last book/movie that you have read/watched?

i. What do you enjoy doing during your free time? Why?

j. Why do you want to come to our school? <u>OR</u> What motivated you to apply to our school?

k. Why do you think you are suitable for our school?

l. Have you participated in an activity where you took on the role of a leader?

m. Is there anything in recent current events that interests you?

n. Who do you admire the most (living, deceased, historical, and fictional) and why?

o. If you could pick an event in history to witness, what would it be and why?

p. If I asked your friends about you, what would they tell me?

q. If I asked your teachers about you, what would they tell me?

r. If you had to change one thing about yourself, what would it be and why?

s. How would you describe yourself in three words?

t. Is there anything specific that you want to accomplish in your life?

최근 4년간의 합격 사례를 알기 쉽게 표로 정리해 보았으며, 합격한 여러 개의 학교 중 최종 선택한 학교를 기준으로 잡았다.

Middlesex School - D 학생(2023년도 합격)

Accepted	Middlesex School
SSAT	92%
TOEFL	-
Education	해외: 국제 학교
Sports	Golf (recreational)
Music/Performing Arts	Classical Singing (ABRSM grade 8), Oboe
Clubs	Student Government, Community Service

Hook: 진정성, 감수성 (성악 및 글쓰기)

The Lawrenceville School – P 학생(2022년도 합격)

Accepted	The Lawrenceville School St. Mark's School
SSAT	97%
TOEFL	105
Education	미국: 주니어 보딩스쿨
Sports	Soccer (JV), Squash (JV)
Music/Performing Arts	Drum, Clarinet (Band)
Clubs	Art Committee, Community Service

Hook: 열정과 진정성 (미술 전국대회 금메달), 리더십

Choate Rosemary Hall – L 학생(2021년도 합격)

Accepted	Choate Rosemary Hall Deerfield Academy
SSAT	99%
TOEFL	113/120
Education	미국: 주니어 보딩스쿨
Sports	Varsity Field Hockey, Varsity Squash, Varsity Lacrosse
Music/Performing Arts	Viola (First Chair), Play Production (Main Writer)
Clubs	Student Council, Publications, Community Service

Hook: 글쓰기 (전국대회 금메달)

Choate Rosemary Hall – L 학생(2020년도 합격)

Accepted	Choate Rosemary Hall Milton Academy Northfield Mount Hermon Peddie School
SSAT	96%
TOEFL	112/120
Education	한국: 외국인 학교
Sports	Swimming, Tennis, Squash
Music/Performing Arts	Saxophone, Clarinet, Flute, School Musical Production Crew
Clubs	Volunteer Work, Student Council

Hook: [스포츠] 수영, Student Council

Phillips Exeter Academy – L 학생(2020년도 합격)

Accepted	Philips Exeter Academy
SSAT	95%
TOEFL	110/120
Education	한국: 한국 학교
Sports	Swimming, Horseback Riding, Scuba Diving
Music/Performing Arts	Cello(School Orchestra, First Cello), School Musical
Clubs	English Debate Contests

Hook: Debate contests, LGBTQ Rights

Deerfield Academy - K 학생(2019년도 합격)

Accepted	Deerfield Academy Choate Rosemary Hall
SSAT	99%
TOEFL	112/120
Education	미국: 주니어 보딩스쿨
Sports	Varsity Soccer, Varsity Golf, Varsity Fencing
Music/Performing Arts	Clarinet(First Chair), School Orchestra, Jazz Band
Clubs	Dorm Proctor, Dining Hall Proctor, Student Council

Hook: [클럽] Robotics 세계 대회 다수 수상

Phillips Academy Andover – P 학생(2019년도 합격)

Phillips Academy
ANDOVER

Accepted	Phillips Academy Andover Deerfield Academy Middlesex School Milton Academy The Taft School Peddie School
SSAT	99%
TOEFL	112/120
Education	한국: 외국인 학교
Sports	Soccer Player, Swimming, Baseball, Golf Music/Performing Arts: Piano, Cello(First Chair)
Music/Performing Arts	Piano, Cello(First Chair)
Clubs	Volunteer Work, Debate Club

Hook: [스포츠] 축구/농구 선수

　명문 보딩스쿨에서는 학생을 선발할 때 GPA, SSAT 성적은 기본이고, 어떤 과외활동을 얼마나 꾸준히 했는지를 살펴본다. 입학사정관들은 이를 통해 학생의 적성, 재능, 리더십, 도전 정신 등을 파악한다. 합격 사례에서도 알 수 있듯이 스포츠, 음악, 클럽활동 등에서 뛰어난 학생들이 합격했음을 알 수 있다. 한두 가지 학생에게 맞는 활동을 오랜 시간 유지하며 좋은 성과를 내는 것이 명문 보딩스쿨 합격의 지름길이다.

합격 이후 학교 선택 (After March 10th)

　원서 마감 후 보딩스쿨들은 일제히 결과를 통보한다. 주니어 보딩스쿨은 1월 15일에 결과가 통보되며, 명문 보딩스쿨은 3월 10일 시간대별로 메일 발송 또는 지원 학생이 학교 사이트에 접속하여 확인하게 되어 있다.

Source: The Lawrenceville School

복수로 합격을 받은 학생 및 학부모들은 합격의 기쁨과 동시에 어떤 학교를 선택할지 고민에 빠진다. 유학원들 역시 합격자 발표가 되면 학교 결정을 문의하는 학부모들의 전화가 빗발친다. 가능하다면 학교 Open house/Revisit day에 방문하여 학교에 대해 좀 더 알아보는 것이 학생에게 꼭 맞는 학교를 선택하는 데 도움이 된다. 이후 입학통지서를 받은 학교들 중 한 곳을 결정하여 4월 10일 전 등록 계약서를 작성하고 예치금을 보낸다. 예치금이 납부되면 학교에서 보내 준 학교 등록 서류, 건강 서류, 각종 부모님 동의서를 작성하여 제출하면 되고, 학생은 학과목 선정을 위해 참고할 시험도 봐야 된다.

CHAPTER 4

보딩스쿨에서의
생활

보딩스쿨 합격과 학교 결정 후 준비해야 할 사항

입학할 학교를 최종 결정했다면, 이제 비행기 티켓 준비하고 짐만 싸면 되겠지라고 생각하면 큰 오산이다. 아직 갈 길이 멀었다. 하지만 아직 몇 개월이 남아 있으니 차근차근 준비하면 된다.

1. I-20(입학허가서)

첫 번째, 그리고 제일 중요한 순서는 바로 입학허가서(I-20)를 받는 것이다. 입학허가서는 학생이 미국에 도착하여 입국 수속을 할 때 꼭 필요한 서류이다. I-20를 받기 위해서는 학교 측이 요구하는 서류를 준비해야 한다. 대개 많은 학교들이 자녀의 교육을 경제적으로 지원할 수 있음을 나타내는 재정 서류를 요청하는데 기본적으로 잔고증명서(1년치 학비+생활비 이상의 금액 권장)를 제출하는 경우가 대다수이며, 국제 학생인 경우 종종 미국 현지에서 보호자 역할을 할 수 있는 가디언(Guardian) 정보를 달라고 하는 경우도 있다.

증빙서류를 학교에 제출하면 학교에서는 일주일 이내로 입학허가서(I-20)를 보내 줄 것이다.

입학허가서는 비자 신청할 때 필요할 뿐만 아니라, 미국 입국할 때 여권과 함께 필수 소지해야만 하는 중요한 서류이다. 출국일에 이를 빠뜨려 공항에 발이 묶이는 일이 없도록 해야 한다.

2. 건강검진 서류(Health Form)

두 번째로 중요한 서류는 건강검진 서류이다. 보딩스쿨 입학 전에 반드시 제출/완료해야 하는 부분으로서 건강검진, 예방접종, 결핵 검진 등 학생의 건강 상태에 대한 정보를 제출하기도 한다(가족 병력, 알레르기 반응 유무 등).

미국에서 학교를 다니는 학생이라면 꼭 제출해야 하는 서류다. 미국 각 주마다 예방접종/검진에 대해 상이한 규정을 갖고 있으며, 미국과 우리나라와의 예방접종 기준도 차이가 있다. 만약, 부족한 경우 추가 접종을 하고 출국해야 한다. 학교 측에서 요구하는 규정을 완료하지 못할 경우 기숙사 생활을 시작할 수 없으니 명심해야 한다.

또 하나 중요한 것은, 복용하는 약물이다. 학생의 건강 관리에 철저한 규칙을 고수하는 보딩스쿨에서는 학생이 혼자서 약품 소지 및 복용을 절대로 허가하지 않는다. 정기적인 복용이 필요한 경우, 이에 대한 의사 처방전 및 부모님의 동의서를 반드시 제출한 후에만 복용이 가능하다(비타민제, 한약, 안약 등도 예외는 아니다).

3. 최종 성적표(Final Transcript)

입학을 앞두고 최근 성적표를 요구하는 학교도 있다. 이는 학교 측에서 학생이 입학 결정 후에도 꾸준한 학업을 이어 가고 있는지를 점검하고자 하는 이유이다. 성적이 조금 하향하는 것은 크게 문제없지만, 내신 점수의 큰 하락은 입학 취소가 되는 경우도 있으니 끝까지 최선을 다하는 것이 좋다.

4. 학과목 선택(Course Selection & Placement)

커리큘럼을 바탕으로 각 학년마다 들어야 하는 수업들을 정하게 되고, 수학 과목의 경우는 배치고사 결과에 따라 최종적으로 수업이 결정된다.

ESL을 제공하는 학교에서는 국제 학생은 영어 수준에 따라 첫 1년은 기본적으로 ESL 또는 추가적인 Learning Support를 받게 되고, 해외에서 또는 국제 학교에서 몇 년을 공부했거나 높은 공인 점수를 갖고 있을지라도 예외는 아니다. 영어 실력에 큰 문제가 없으면 보통 1년간 ESL을 마친 후 다음 학년부터 정규 영어 수업을 들을 수 있다.

하지만 ESL을 제공하지 않는 학교에서는 제2외국어를 듣게 되며 제2외국어 또한 배치고사를 통해 최종적으로 수업이 배정된다. 수업이 어느 정도 진행된 초반부에 본인이 수업을 따라가는 것이 버겁거나 혹은 퀴즈, 테스트 등을 봤을 때 현저하게 성적이 떨어지는 경우엔 어드바이저나 학과장 Dean과의 별도 미팅을 통해 레벨을 조절한 후 다시 평가해 보기도 한다.

5. 부모님 동의서(Laundry Sign Up, Permission Form)

그 외 기타 서류들은 세탁 서비스 신청, 부모 동의서 작성, 교과서 주문 등이 있다. 지정 유니폼/복장 규율이 있는 학교의 경우 특히 세탁/클리닝 서비스를 제공한다.

타지에서 혼자 생활하게 되는 만큼, 부모님의 승인을 거쳐야 하는 부분들이 많다. 용돈 사용 제한부터 캠퍼스 외출, 외박 등 학생의 안전을 위해 여러 사항들을 체크한다.

6. 비자 신청(F-1)

I-20를 비롯하여 필요한 비자 신청 서류를 준비하여 미 대사관에서 비자 인터뷰를 본 후, 비자를 받는다. 여름은 비자 인터뷰 극성수기인 만큼 비자 서류가 모두 준비되는 대로 빠르게 신청을 하는 것을 권장한다. 인터뷰 후 비자를 받는 데 소요되는 시간은 매번 상이하며 평균적으로 3~4일이 걸린다. 하지만, 상황에 따라 늦게 여권을 돌려받는 경우도 있으니 학교 자퇴, 항공권 예매와 같은 추후 계획은 비자를 받은 후에 진행하는 것이 좋다.

7. 항공권

비자를 받은 후, 항공권을 예매하였다면 학교 측과 도착 일정을 공유한다. 특히 학생이 혼자 학교에 도착하는 경우 미국 도착시간 및 항공편 정보를 전달하면 학교 측에서 공항 픽업을 지원해 줄 수 있다(추가 비용 발생).

8. 여름 방학 숙제(Summer Assignment)

매 여름 학교에서 지정/권장하는 도서를 읽고 가야 한다. 독후감을 제출해야 하는 경우도 있으며, 읽은 내용을 바탕으로 수업 시간에 토론을 하는 경우도 있으니 잊지 말고 책을 읽어 가도록 한다. 또한 수학 및 과학 숙제를 미리 해야 하는 학교들이 있으니 확인을 해야 한다.

9. 준비물(Packing List)

어떻게 보면, 이 중에서 제일 간단할 것 같은 짐 싸기도 막상 생각해 보면 어디서부터 시작할지 고민이 될 수도 있다. 기숙사에서 기본적으로 제공되는 물품은 침대 매트리스, 책상, 옷장, 서랍 등이 있다.

- 컴퓨터: 학교에서 맥북/아이패드 등을 제공하는 경우가 있으며, 본인 노트북을 직접 준비하는 게 좋다.
- 생필품/세면도구/침구류: 학기 초 오리엔테이션 기간 동안에 학교 근처 대형마트(홈플러스, 이마트라 생각하면 되겠다)에서 필요 물품을 구매할 수 있는 기회가 있으니 짐을 챙길 때 참고하자. 본인 스포츠 활동에 따라 신발부터 장비까지 챙겨야 하니 커다란 캐리어를 금방 채울 만큼의 부피 때문에 이런저런 고민이 되기도 한다. 이 경우, 학교에 짐을 미리 부칠 수 있다.

- 복장/옷/장비: 명문 보딩스쿨은 대부분 교복보다는 학교마다 복장 규정이 있다. 보통 수업 시간에는 재킷, 넥타이에 셔츠, 면바지, 로퍼를 신어야 하며 수업 외 시간에는 편한 복장을 입어도 무관하다. 특히 동부 지역에 위치한 학교들의 경우, 혹독한 겨울 날씨에 대비해 두툼한 옷들을 많이 챙겨야 한다. 또한 스포츠 활동에 따라 신발부터 장비까지 챙겨야 하니 커다란 캐리어를 금방 채울 만큼의 부피 때문에 이런저런 고민이 되기도 한다. 이 경우, 학교에 짐을 미리 부칠 수 있다.

Deerfield Academy

10. 출국

입학을 앞두고 학교 커뮤니티에서 신입생 환영 이벤트를 진행하기도 한다. 특히 한국 학부모회가 활성화되어 있는 학교에서는 한인 학생회 모임에서 학생/가족에게 직접 연락을 취하여 출국 전 신입생 환영회를 열어 보딩스쿨 생활 및 입학 준비 관련 질의응답을 한다. 학교에 입학해서 진행하는 환영회 및 리셉션도 있으니 꼭 참여하도록 한다.

오리엔테이션과 입학식 예시

특정 학교의 입학식 일정 예시

Orientation Day	
8:00 – 11:30am	학생 등록/서류 검사/기숙사 배정
9:00 – 12:30pm	학생 은행 계좌 개설 관련 은행 담당자와 미팅
11:00 – 12:00pm	국제 학생 부모님 미팅
12:00 – 1:00pm	신입생과 가족 점심 식사
1:15 – 2:00pm	입학식/교장선생님 연설
2:00 – 2:30pm	기숙사 배정/짐 정리
2:15 – 3:45pm	건강검진 서류 확인/기숙사 생활 및 규칙 전달
3:45 – 4:30pm	학교 시설 투어
5:15 – 7:15pm	신입생과 가족 저녁 식사
7:00 – 7:45pm	기숙사 친구들과 미팅
7:45 – 9:30pm	기숙사 단합 대회
9:30 – 10:00pm	
10:00 – 11:00pm	룸메이트와 인사
11:00pm	소등

대다수 학교들은 신입생 오리엔테이션 후 국제 학생 오리엔테이션을 별개로 진행한다. 학기 시작 때 필요한 모든 것들은 오리엔테이션을 통해 습득하게 된다. 첫 학기를 함께 동고동락할 룸메이트와 인사를 하게 되며 내가 듣게 될 수업은 무엇인지 학교 내에서 중요한 규율과 기숙사 내 생활의 중요 수칙을 안내받는다.

학교 생활

　보딩스쿨에서는 아침부터 저녁까지 허투루 쓰는 시간이 없다. 아침잠이 많거나 평소 늦게 자는 학생도 동일한 일정과 스케줄에 따라 생활하고 독립적인 사고방식을 키우는 환경에서 지내게 된다. 수업 갈 채비를 마치고 분주히 교실로 발걸음을 옮기는 학생들의 모습을 보면 보통의 학교 모습과 그리 달라 보이지 않는다. 하루의 마지막 수업이 끝나면 각자의 성향, 관심사에 따라 스케줄이 달라진다. 누구는 방과후 축구팀 선수로 바쁘게 연습에 몰입할 것이며, 다른 누구는 몇 주 후 있을 학교 뮤지컬을 위해 열심히 노래와 춤 실력을 갈고 닦을 것이다.

　그리고 학교는 학생 한 명 한 명을 위해 세심한 케어와 관리를 해 줄 선생님, 코치들이 항시 대기하고 있다. 그렇기 때문에 이 환경에서 훌륭한 인재들이 무리 지어 탄생하는 것은 그리 놀라운 일이 아니다.

　저녁 식사가 끝나고 학생들이 기숙사로 돌아오면 각자의 방으로 돌아와 다음 날을 위한 준비를 한다. 정해진 시간 동안 휴대폰, 뮤직 플레이어 등 집중에 방해가 될 요소들은 없애고 잠시 동안 자습 시간을 갖는다.

보딩스쿨 주중 스케줄

Sample Daily Schedule	
7:00 – 8:00am	Breakfast
8:00 – 9:10am	**Period 1: ELA – Literature**
9:10 – 9:20am	Break
9:20 – 10:30am	**Period II: Physics**
10:30 – 10:40am	Break
10:40 – 11:50am	**Period III: Biology**
12:00 – 1:00pm	Lunch

1:00 – 2:10pm	Period IV: ELA – Analytical Writing
2:30 – 3:45pm	Recreational activity
4:00 – 5:00pm	Swimming or Alternative Activity
5:30 – 6:15pm	Dinner
6:15 – 7:15pm	Monitored dorm time
7:30 – 9:00pm	Study hall
9:15 – 9:45pm	Dorm meeting
10:30pm	Lights out

Source: Deerfield Academy

수업이 없는 주말에는 학생들이 어떻게 시간을 보낼까?

보딩스쿨 중에는 주말에도 부분적으로 수업이 진행되는 곳도 있다. 주말에는 평일과는 또 다른 다양한 체험 활동들이 준비되어 있다. 학교 주변 쇼핑몰을 가거나 친구들과 영화나 공연을 보러 가거나 주요 관광 명소를 살펴보며 자유 시간을 갖기도 한다. 평일에는 열심히 공부하고 운동했으니 주말에는 '방콕' 하고 싶어 하는 학생들이 많겠지만 이 기회를 적극 활용하여 룸메이트와 친구들과 더 친해지는 것을 권장한다.

보딩스쿨 주말 활동

Sports	Trips
Boston Blazers lacrosse games	Apple and pumpkin picking
Celtics basketball	Boston – North End, Faneuil Hall, Duck Tours, Fenway Park
College football & soccer games	Bowling
Lowell Devils hockey	Laser tag
New England Revolution soccer	Local harvest festivals
Red Sox & Paw Sox baseball games	Mall trips
Rock wall	Miniature golf

Yoga	Movie trips
Zumba dance class	Museum of Science
	New England Aquarium
Arts & Culture	Providence, RI
Access to art studio	Restaurant trips
Beading	Roller-skating
Ceramics	
Crafts	**Community Service**
Knitting	Cardboard Tent City
Painting	Care packages for soldiers
Music performances and plays in New York, Boston, and Worcester	Cradles to Crayons
	Make-a-Wish Project
Outdoor Adventures	Walk for the Cure
Canobie Lake Park	Walk for Hunger
Canoeing and kayaking	
Fishing	**On Campus**
Hiking	Building a canoe
Ice skating	Cooking
Rock climbing	Dances
Six Flags	Dodgeball tournament
Skiing	Dorm Olympics
Snow tubing	Hoop Fest basketball tournament
Snowboarding	"Iron Moose" cooking competition
Snowshoeing	Karaoke night
Swimming	Movies on the quad
White water rafting	Sports: basketball, tennis, football

Source: Fay School

수업 & 학과목 선택

대부분 미국 학교가 그렇듯 보딩스쿨에서 학생들은 평균 6개 과목을 이수하고 학교 허락하에 7개 과목까지 이수 가능한 경우가 있다. 9학년으로 입학 시 졸업 필수 과목으로는 보통,

1. 영어: 4년
2. 수학: 4년
3. 과학: 3년
4. 사회: 3년
5. 제2외국어: 2년
6. 예술: 2년
7. 종교: 1년(종교가 있는 학교의 경우 종교 수업이 1년 또는 2년이 필수인 경우도 있다)

그러나 10, 11학년에 입학한 학생들은 위 기준과 다르게 적용되고 입학 학년에 따라 졸업 필수 이수 과목이 달라진다. 이해를 돕기 위해 아래 Phillips Academy Andover의 예를 들었다.

Phillips Academy Andover - 학년별 필수 이수 과목

	4-year student	3-year student	2-year student	1-year student
Art, Music, Theatre & Dance	1 art, 1 music, plus 2 more of art, music, and/or theatre and dance	1 art, 1 music, and 1 more art, music or theatre and dance	1 art or 1 music	None
English	*English 100, 200, and 300*	*English 200 and 300*	*English 301 and 3 terms at 500-level*	3 terms***

World Languages	Completion of 3 terms of 300-level through the regular or accelerated sequence OR 6 terms of less commonly taught plus 3 terms of other language* OR 3 terms of less commonly taught plus 6 terms of other language.*	Completion of 3 terms of 300-level through the regular or accelerated sequence OR 6 terms of less commonly taught plus 3 terms of other language* OR 3 terms of less commonly taught plus 6 terms of other language.*	Completion of 3 terms of 300-level or 1 term of 400-level or completion of 6 terms of a new world language (following successful student petition)	If student does not have 3 years of previous high school language study, a 3-term sequence
History & Social Science	*History 100A* and *100B* in 9th grade, *History 201* and *202* in 10th grade, and *History 300*	*History 201* in 10th grade and *History 300*	*History 300****	If no prior credit for U.S. history, then 1 year: *History 300* or *320* plus an additional term
Lab Science	Two 3-term lab sciences	Two 3-term lab sciences (including yearlong lab sciences taken at previous high school)	Two 3-term lab sciences (including yearlong lab sciences taken at previous high school)	Two 3-term lab sciences (including yearlong lab sciences taken at previous high school)
Math	Completion of *Math 280* or *340*	Completion of *Math 280* or *340*	Completion of *Math 280* or *340*	Placement at 500-level or higher course or *Math 400*
Philosophy & Religious Studies	1 term (10th grade unless granted an exception)	1 term	None	None
Physical Education	1 term (10th grade)	1 term (10th grade)	Pass swim test	Pass swim test

Source: Phillips Academy Andover

필수 과목들은 대부분 대학 수준까지의 수업을 제공하기 때문에 학생 능력에 따라 수업 난이도가 정해진다. 입학 시 학생의 능력을 평가하기 위해 Placement Test(배치고사)를 보기도 한다.

- 영어 배치고사

영어 시험을 통해 영어 수업과 사회 수업이 결정된다.

- 수학 배치고사

수학 시험을 통해 수학 수업과 과학 수업이 결정된다.

- 제2외국어 배치고사

선택한 제2외국어가 처음인 경우 시험을 안 보고 1년 이상의 수업을 이수한 학생만 시험을 치르게 된다.

배치고사는 학교 입학 전 여름 방학 때 온라인으로 해야 하는 경우도 있고, 입학 후 학교에서 봐야 하는 경우가 있다.

선택 과목은 따로 배치고사는 없고 학생이 원하는 수업을 선택하면 되고 수업 수준이 높은 경우는 고학년 때만 제공되기 때문에 학교마다 학과목 선택 기준을 따라야 한다.

많은 보딩스쿨들은 학생들의 학업 능력과 개인마다 재능이 다르기 때문에 몇 안 되는 학생들을 위해 100여 개 이상의 수업을 제공하고 있다.

클럽 & 스포츠 활동

보딩스쿨에는 매우 다양한 활동들을 할 수 있게 관련 선생님/코치 및 시설 또한 갖추고 있어 외부로 나가지 않고도 대부분 캠퍼스 내에서 할 수 있다. 보통 학교 수업이 마무리되는 3시 반 이후 필수로 운동을 해야 하며 계절별로 운동을 선택해서 활동해야 한다.

기본적인 농구, 축구, 야구, 테니스를 비롯하여, 평소에는 쉽게 접하지 못하는 승마, 미식축구, 조정, 골프, 아이스하키 등도 있어 학생 그 누구든 선택할 수 있게 다양한 운동을 제공한다.

다음은 The Lawrenceville School의 남, 여 운동 종목과 동아리에 대해 예를 들어 보았다.

The Lawrenceville School - 남학생 운동 종목

FALL	WINTER	SPRING
Boys Freshman Soccer	Boys Freshman Basketball	Boys Freshman Lacrosse
Boys JV Football	Boys JV Basketball	Boys JV Baseball
Boys JV Soccer	Boys JV Ice Hockey	Boys JV Golf
Boys JV Water Polo	Boys JV Squash	Boys JV Lacrosse
Boys Varsity Cross Country	Boys JV Wrestling	Boys JV Tennis
Boys Varsity Football	Boys Varsity Basketball	Boys JVb Tennis
Boys Varsity Soccer	Boys Varsity Fencing	Boys Varsity Baseball
Boys Varsity Water Polo	Boys Varsity Ice Hockey	Boys Varsity Crew
	Boys Varsity Squash	Boys Varsity Golf
	Boys Varsity Swimming and Diving	Boys Varsity Lacrosse
	Boys Varsity Track and Field Indoor	Boys Varsity Tennis
	Boys Varsity Wrestling	Boys Varsity Track Outdoor

Source: The Lawrenceville School

The Lawrenceville School - 여학생 운동 종목

FALL	WINTER	SPRING
Girls JV Black Soccer	Girls JV Basketball	Girls JV Golf
Girls JV Field Hockey	Girls JV Ice Hockey	Girls JV Lacrosse
Girls JV Red Soccer	Girls JV Squash	Girls JV Softball
Girls JV Tennis	Girls Varsity Basketball	Girls JVb Lacrosse
Girls JV Volleyball	Girls Varsity Fencing	Girls Varsity Crew
Girls JV Water Polo	Girls Varsity Ice Hockey	Girls Varsity Golf
Girls Thirds Tennis	Girls Varsity Squash	Girls Varsity Lacrosse
Girls Varsity Cross Country	Girls Varsity Swimming and Diving	Girls Varsity Softball
Girls Varsity Field Hockey	Girls Varsity Track and Field Indoor	Girls Varsity Track Outdoor
Girls Varsity Soccer		
Girls Varsity Tennis		
Girls Varsity Volleyball		
Girls Varsity Water Polo		

Source: The Lawrenceville School

보딩스쿨 동아리의 경우, 학생이 자기 주도적으로 클럽을 이끌어 갈 수 있는 환경이 마련되어 있다. Math Club, Model UN, School Newspaper 등 수학, 과학, 봉사, 교내 뉴스 등 학교 동아리 외에도 학생 본인이 테마를 직접 정하고 멤버들을 모집하여 동아리를 시작하는 경우도 적지 않다. 그리고 이는 학생의 적극적인 모습을 잘 보일 수 있는 좋은 예이다. 따라서 학생의 관심 분야가 많을 경우 동시에 여러 동아리에 가입해서 활동해도 되고, 관심 동아리가 없을 경우 선생님 허락하에 본인이 직접 만들어서 멤버를 모집하면 된다. 그래서 학교에 따라 몇 백 개의 동아리가 있는 곳도 있다.

The Lawrenceville School - 봉사 관련 동아리

Community Service
· Aid for the Andes
· Autism Awareness Club
· Baking for Change
· Build On
· Color the World
· Community Reach Out
· Dream for the Future
· Dumplings for Dreams
· Gawad Kalinga to end poverty in the Philippines
· Humanitarian Aid Society
· Juvenlie Diabetes Research Foundation (JDRF)
· Kicks for Kids
· Lawrenceville Animal Rescue Club
· LiNK (Liberty in North Korea)
· Lives Saving Lives
· Music Without Borders
· Public Health Club
· Room to Read
· Sisters in Science
· Sole Ace
· Spine Hope

Source: The Lawrenceville School

CHAPTER 5

보딩스쿨 캠프/비교과 활동 및 대회
(Camp/Extracurricular/ Competition)

보딩스쿨 캠프 개요 및 장점

학부모들은 학생을 유학 보내기 전, 보딩스쿨에 가면 어떤 경험을 하게 될 것인지, 학교 분위기는 어떨지, 적응을 잘할지 고민하게 될 것이다. 이런 다양한 고민을 덜어 주며 캠퍼스와 학교 분위기, 보딩스쿨 기숙사 생활을 사전에 경험할 수 있는 방법으로 보딩스쿨 여름 캠프에 참가해 볼 것을 적극 추천한다.

미국 보딩스쿨들은 보통 6월 중하순부터 8월 사이에 4~5주 동안 다양한 커리큘럼의 여름 캠프를 오픈하는데 관심 분야나 필요성에 따라 학교와 커리큘럼을 선택하면 된다. 예를 들면, 영어를 배우고 싶으면 ESL이나 ESOL 프로그램을 제공하는 캠프에, 아트나 공연을 좋아하는 학생은 Visual Arts나 Performing Arts가 있는 캠프에, 이과에 관심이 있는 학생들은 수학이나 과학 프로그램이 잘되어 있는 캠프를 시도해 볼 수 있다.

그 외에도 Criminal Investigation과 같이 범죄 현장을 분석하고 범인을 잡는 재미있는 수업들도 있으니 학교별로 커리큘럼을 잘 찾아보는 것이 좋다.

1. 명문 기숙학교 시설

학생과 학부모들에게 보딩스쿨 방문 시 첫인상이 어땠냐는 질문을 한다면 가장 먼저 나오는 답변은 시설이 어마아마하다는 것이다. 우리나라 대학을 넘어 미국의 웬만한 대학보다도 시설이 좋다. 각종 스포츠시설과 아이비리그를 그대로 재현해 놓은 도서관, 광활하게 펼쳐진 푸른 잔디 운동장, 숲으로 둘러싸인 산책로, 캠퍼스 내의 호수 등 한국에서는 경험하기 힘든 시설이다. 이러한 공간에서 생활을 해 본다는 것은 부모가 아이에게 줄 수 있는 아주 특별한 경험이자 선물이다.

2. 스케줄 관리 및 효율적인 공부 습관

학생들은 아침 기상 후부터 자기 전까지 정해진 스케줄을 따라 생활해야 한다. 규칙적으로 일어나고 자야 하며 정해진 시간에 식사를 하고 수업을 한다. 학생들은 이런 규칙적이고 반복적인 생활에 적응하게 되며 주어진 시간 내에 집중해서 공부하는 학업 습관을 익히게 된다.

예시: 2023년 Choate Rosemary 여름 캠프 스케줄

SUMMER PROGRAMS 2023
DAILY SCHEDULE: 5-WEEK PROGRAM

Academic Day Schedule						
Monday	**Tuesday**	**Wednesday**	**Thursday**	**Friday**	**Saturday**	**Sunday**
Period 1 8:30 – 9:40	Period 1 8:30 – 9:40	Period 1 8:30 – 9:40	Period 1 8:30 – 9:40	Period 1 8:30 – 9:40	Period 1 8:30 – 9:30	**School Sponsored Trips**
Period 2 9:50 – 11:00	Period 2 9:50 – 11:00	Period 2 9:50 – 11:00	Period 2 9:50 – 11:00	Period 2 9:50 – 11:00	Period 2 9:40 – 10:40	
Period 3 / MS Lunch 11:10 – 12:20	Period 3 / MS Lunch 11:10 – 12:20	Period 3 / MS Lunch 11:10 – 12:20	Period 3 / MS Lunch 11:10 – 12:20	Period 3 / MS Lunch 11:10 – 12:20	Period 3 / MS Lunch 10:50 – 11:50	
Period 4 / HS Lunch 12:30-1:40	Period 4 / HS Lunch 12:30-1:40	Period 4 / HS Lunch 12:30-1:40	Period 4 / HS Lunch 12:30-1:40	Period 4 / HS Lunch 12:30-1:40	Period 4 / HS Lunch 12:00 – 1:00	
Adviser / Dean Meeting 1:50 – 2:30	School Meeting 1:50 – 2:30	Conference Block 1:50 – 2:30	Wellness Meeting 1:50 – 2:30	Conference Block 1:50 – 2:30	Period 5 / Lunch 1:10 – 2:10	
Period 5 2:40 – 3:50	Period 5 2:40 – 3:50	Period 5 2:40 – 3:50	Period 5 2:40 – 3:50	Period 5 2:40 – 3:50		
MS Athletics & Activities 4:15 – 5:10	MS Athletics & Activities 4:15 – 5:10	Community Activities	MS Athletics & Activities 4:15 – 5:10	MS Athletics & Activities 4:15 – 5:10	**Student Activities**	
HS Athletics & Activities 5:15 – 6:10	HS Athletics & Activities 5:15 – 6:10		HS Athletics & Activities 5:15 – 6:10	HS Athletics & Activities 5:15 – 6:10		
Period 6 HS Test Prep Online 6:45 – 7:45	Period 6 MS Test Prep Online 6:30 – 7:30	Period 6 MS Test Prep Online 6:30 – 7:30	Period 6 HS Test Prep Online 6:45 – 7:45			

Study Hours and Curfew Schedule		
Monday through Friday	**Saturday**	**Sunday**
MS Study Hours: 7:30 – 9:00	Student Activities	MS Study Hours: 7:30 – 9:00
MS Study Break: 9:00 – 9:30		MS Study Break: 9:00 – 9:30
MS Evening Curfew: 9:30	MS Evening Curfew: 10:00	MS Evening Curfew: 9:30
MS Lights Out: 10:00	MS Common Rooms Close: 10:30	MS Lights Out: 10:00
HS Study Hours: 8:00 – 9:30	Student Activities	HS Study Hours: 8:00 – 9:30
HS Study Break: 9:30 – 10:00		HS Study Break: 9:30 – 10:00
HS Evening Curfew: 10:00	HS Evening Curfew: 10:30	HS Evening Curfew: 10:00
HS Lights Out: 10:30	HS Common Rooms Close: 11:00	HS Lights Out: 10:30

Dining Hall Schedule		
Monday through Friday	**Saturday**	**Sunday**
Breakfast...7:30 – 8:30	Breakfast...7:30 – 8:30	Continental Breakfast...8:00 – 9:00
Lunch...11:10 – 1:30	Lunch...10:45 – 1:15	Lunch / Brunch...11:00 – 1:00
Dinner...5:15 – 7:15	Dinner...5:15 – 7:15	Dinner...5:15 – 7:15

Cardigan Mountain School 여름 캠프 스케줄

Monday -Friday

- 6:45 a.m. Polar Bear Club (optional, but awesome)
- 7:15 a.m. Rising
- 8:00 a.m. Breakfast
- 8:40 a.m. Class periods 1,2, and 3
- 10:50 a.m. Snack break
- 11:05 a.m. Class periods 4 and 5
- 12:40 p.m. Lunch
- 1:30 p.m. Reading and rest
- 2:15 p.m. Dorm activity
- 3:15 p.m. Afternoon activities
- 6:10 p.m. Dinner
- 6:40 p.m. Free time!
- 7:30 p.m. Evening programming(guest performers, camp fires, campus events, etc.)
- 9:30 p.m. Lights out

3. 단체생활로 인한 사회 적응과 리더십 함양

보딩스쿨의 기숙사는 미국 사회의 축소판으로 다양한 인종과 다양한 배경을 가진 아이들과 24시간 함께 먹고 자며 타인을 존중하고 배려하며 타협하고 다른 국가의 문화를 배운다. 또한 팀워크를 배우며 사회를 이해하고 리더십의 자질이 접목된다.

4. 독립심, 자립 능력 개발

평생 빨래 한번 안 해 봤던 아이들이 주말이면 친구들과 세탁실에 가서 빨래를 돌린다. 누군가의 도움 없이 일상을 챙길 수 있는 것이 자립의 시작이 될 것이다. 보딩스쿨 캠프에 그 시작을 한번 맡겨 보자.

5. Top 보딩스쿨 진학 기회

보딩스쿨 캠프를 경험하면 Top 보딩스쿨 진학에 도움이 될까? 학생이 캠프를 마친 보딩스쿨에 지원 시 인터뷰에서 차별화를 시킬 수 있다. 입학사정관에게 해당 학교 캠프에서 자신의 경험을 어필하고 캠프에서 잘 적응했듯이 정규입학을 해서도 학교의 학업 스케줄이나 기숙사 생활 등을 잘 할 수 있다는 면을 어필한다면 차별화될 수 있을 것이라 생각된다.

주니어 보딩스쿨 캠프 추천 리스트

Cardigan Mountain Camp

Program

Cardigan Camp는 3학년에서 9학년 남녀 학생들을 대상으로 3주 혹은 6주 과정을 제공한다. 창의적인 라이팅, 법정 토론, 코딩 등 관심 분야에 맞는 수업을 들을 수 있으며 SSAT Prep도 수강할 수 있다. 액티비티로 드라마, 산악자전거, 패들 보트, 테니스, 모형 로켓 제작 등 다양한 프로그램을 경험하며 학생들의 학업, 인성 계발, 그리고 재미까지 추구하는 프로그램을 짠다. 학업도 집중하면서 국제 학생들과 어울리고 뉴햄프셔의 자연경관을 즐기며 뜻깊은 추억을 만들기에 적합한 캠프이다.

매주 5일 수업은 학생들 각자 개성에 맞는 맞춤형 프로그램으로 디자인 되어있다. 선생님당 학생 비율 3:1의 작은 클래스 사이즈, 색다른 학습 방식, 그리고 균형 잡힌 접근을 통해 선생님들이 학생에게 맞는 성장과 배움을 지향한다.

특징적으로 여름 리더십 프로그램도 있는데 학생들에게 효과적으로 리더십의 다양한 스킬, 스타일, 연습 기회를 제공하며, 자기평가, 검토, 토의를 따뜻한 환경에서 배운다. 또한 비판적 사고방식, 자신감 향상, 배려심을 통해 글로벌 리더로 발전하게 된다.

Camp Information

구분	내용
지역	Canaan, NH (Boston 차량 2시간 거리)
대상	3-9학년
원서 마감	Rolling
캠프 기간	7월

학비	약 $8,700 (프로그램별 상이)
프로그램	Summer Session Core Classes, Enrichment Courses, Activities 학과목, 예술, 액티비티 수업 수강 가능

Eaglebrook Camp

Program

Eaglebrook 여름 학기는 10-13세의 남, 여학생을 대상으로 하며 성취감을 통해 자신감을 키우고 교실, 운동장, 학교 공동체 내에서 리더십을 육성하도록 디자인되었다.

아카데믹 클래스 2개와 선택 과목 2개를 듣게 되며 학생들은 견고한 학업 지도, 창의적인 발판, 새로운 관심사를 탐구할 기회를 균형 있게 경험하게 된다. 두 개의 아카데믹 수업은 과목당 35분에서 40분가량이 소요되는 숙제가 주어지고 선택과목에는 숙제가 없다.

수강 가능 과목은 컴퓨터 공학, 읽기, 학습 기술, 현대 언어, 영어, 예술, 조직, 워크숍, 드라마, 과학적 탐구, 역사 탐정, 수학, 쓰기 등이 있다. 아울러 매일 오후에는 1시간의 체육 시간이 있으며 다양한 스포츠를 통해 리더십 함양과 협동을 통해 진정한 동료애를 느끼는 게 목적이다.

또한 매 주말마다 흥미진진한 활동이 계획되어 있다. 토요일 프로그램은 캠퍼스를 벗어나 미국 북동부 지역의 명소를 경험한다. 특히 놀이공원 여행이 인기가 많다. 일요일에는 더 여유로운 일정으로 교직원과 함께 소그룹으로 외출한다.

Camp Information

구분	내용
지역	Deerfield, MA (Boston 차량 2시간 거리)
대상	10-13세
원서 마감	Rolling
캠프 기간	7월
학비	약 $9,000
프로그램	학생들은 수업을 4개 듣게 되며 다양한 스포츠를 경험해 볼 수 있다.

Fay School Camp

Camp Information

구분	내용
지역	Southborough, MA (Boston 차량 35분 거리)
대상	10-15세
원서 마감	Rolling
캠프 기간	7월-8월
학비	약 $8,000
프로그램	English Immersion Boarding Beginner, Intermediate, Advanced 레벨로 분류되어 영어 수업을 진행한다. 전 세계의 학생들과 교류 및 다양한 액티비티 참여를 통한 자연스러운 언어와 문화 습득을 할 수 있다.

Rectory Camp

Camp Information

구분	내용
지역	Pomfret, CT (Boston 차량 1시간 20분 거리)
대상	9-14세
원서 마감	Rolling
캠프 기간	7월
학비	약 $4,000
프로그램	이 프로그램은 캠퍼스를 활용한 오후 레크리에이션 활동과 학생의 관심에 따라 특정 오전 세션을 제공한다. 오전 프로그램 – 요리, 뮤지컬, STEM, 기술 및 음악, 작문 오후 프로그램 – 수영, 산악자전거, 농구, 테니스

시니어 보딩스쿨 캠프 추천 리스트

Cate School Camp

Camp Information

구분	내용
지역	Carpinteria, CA (LA 차량 2시간 30분 거리)
대상	스포츠 - 6학년-11학년 Cate Summer Institute - 6학년-8학년
원서 마감	Rolling
캠프 종류	6월-7월 (프로그램별 상이)
학비	주당 약 ~$2,000 (프로그램별 상이)
프로그램	Cate Summer Institute (다양한 학업 경험, 리더십, 야외 활동) 운동 - Cate Sports Academy (예: 야구, 나이키 테니스, 나이키 배구)

Choate Rosemary Hall Camp

Program

쵸우트 로즈메리 홀 캠프는 시니어 보딩 캠프 중 학업적 깊이가 가장 뛰어나다고 알려져 있으며 주니어 보딩스쿨 학교 관계자들도 수강을 강력하게 추천할 정도다.

심화 학습 프로그램, 아티스트 육성 프로그램, 여름 음악 페스티벌, 연극 예술 연구소, JFK 케네디 정치 프로그램, SAT 프렙 등 폭넓고 심도 있는 과정들을 제공한다. 학습 프로그램 과목에는 퍼즐 및 논리, 모델 UN, 외국어, 예술, 두뇌 과학 등이 있고 이중 3과목을 수강하게 된다. 중학생 프로그램 대상은 6 또는 7학년을 마친 학생들이고 고등학생 프로그램 대상은 8-12학년을 마친 학생들이다.

 고등학생 프로그램 참가자들은 쵸우트의 대표적인 JFK 케네디 프로그램에 지원할 수 있는데 3개의 수업을 듣고 워싱턴 D.C.에서 체험학습을 통해 정부가 시행하는 활동을 경험한다. 학생들은 미국 정부 하원과 상원의 토론을 직접 관람하며, 국회의사당에서 위원회 청문회를 관찰하고, 백악관과 대법원의 관리들과 시간을 보내게 된다.

Camp Information

구분	내용
지역	Wallingford, CT (New York 차량 2시간 거리)
대상	12-15세
원서 마감	Rolling
프로그램 기간	6월-7월 (프로그램별 상이)
학비	약 $11,000 (학비+기숙사)/개인 비용 별도 (프로그램별 상이)
프로그램	학과목 – SSAT Prep (Online) – Academic Enrichment Program – English Language Institute 예술 – Summer Music Festival Program (Training for violin, viola, and cello) – Young Artist Program and Visual Arts Lab Program – Immersion Geometry, John .F. Kennedy "35 Institutes in Government"

Culver Academy Camp

Camp Information

구분	내용
지역	Culver, IN (Chicago 차량 2시간 거리)
대상	Junior Woodcraft Camp 7-9세 Woodcraft Camp 9-14세 Leadership Development Camp 14-17세
원서 마감	Rolling
캠프 기간	6월 16일-7월 29일
학비	약 $8,700 (학비+기숙사)/개인 비용 별도
프로그램	학과목/운동/예술/기타 - Woodcraft Camp 80개의 다양한 교과목/액티비티 중 희망 선택 가능 - Upper Schools Naval School, School of Horsemanship, and Aviation School 전문 분야 체험 및 수업

Deerfield Academy Camp

Camp Information

구분	내용
지역	Deerfield, MA (Boston 차량 2시간 거리)
대상	DASAC- Ages 11 through 16/The Experimentory - 7th, 8th, and 9th grade
원서 마감	Rolling
캠프 기간	6월-7월-8월 (프로그램별 상이)
학비	약 $1,250-$8,000 (학비+기숙사)/개인 비용 별도 (프로그램별 상이)
프로그램	The Experimentory (choose a subject based on your interest) 예술 - Deerfield Academy Summer Arts Camp DASAC (ex. Campers will create 2D visuals (painting, drawing, photos), small sculptural pieces etc

Hotchkiss School Camp

Camp Information

구분	내용
지역	Lakeville, CT (New York 차량 2시간 거리, Boston 차량 3시간 거리)
대상	프로그램별 상이
원서 마감	Rolling
캠프 기간	7월 15일-7월 30(일)/2 week or 4 week option
학비	프로그램별 상이
프로그램	Summer Portals: Students typically enroll in two courses. (ex. Computer Science & Mobile App Design, Coding & Software Engineering, Robotics, Studio Art, Piano Program, Theatre, Robotic)

Lawrenceville School Camp

Program

로렌스빌 캠프는 6-10학년을 대상으로 300명 이상의 인원들이 참여해 진행되고 프로젝트 중심 수업들을 제공하는 특색이 있다. 또한 로렌스빌의 강점인 하우스 시스템에 대한 체험으로 하우스 단위의 액티비티와 대회가 여럿 열린다.

나이키(Nike)에서 주관하는 골프, 테니스, 야구, 소프트볼 등 다양한 운동 캠프를 주최하는데 이 프로그램은 이론 수업부터 선수 출신 교사의 개인 레슨, 운동시설 견학까지 진행된다.

Lawrenceville Summer Scholars는 이름답게 독창적인 학자 육성을 목표로 하는 3주 프로그램이다. 탑 보딩과 아이비리그가 선호하는 하크네스 교육 기법을 통해 창의성과 논리적 사고의 기초인 비판적 사고에 대해 배우게 된다.

또한 정치, 토론, 논술에 관심있는 학생은 Capital Debate라는 대중 연설과 토론 코스를 통해 프레젠테이션 및 토론 기술을 배우며 국제적 감각을 키울 수 있다. 한 달 반가량인 대부분의 여름 캠프들보다 단기간에 수준 있는 교육 환경을 경험하고자 하는 학생이라면 최고의 프로그램이 될 것이다.

Camp Information

구분	내용
지역	Lawrenceville, NJ (New York 차량 1시간 20분 거리) (Philadelphia 차량 50분 거리)
대상	Rising 6th through 9th (프로그램별 상이)
원서 마감	Rolling
캠프 기간	7월-8월 (프로그램별 상이)
학비	약 ~$7,000 (학비+기숙사)/개인 비용 별도 (프로그램별 상이)
프로그램	Capital Debate Program – Lawrenceville Summer Scholars 운동 – Gamebreaker Lacrosse Camp – Good Nick Squash Camp –International Squash Academy – Nike Baseball Camp – Nike Golf Camp – Nike Softball Camp – Nike Tennis Camp 예술 – Lawrenceville Performing Arts Camp

Loomis Chaffee School Camp

Camp Information

구분	내용
지역	Windsor, CT (Boston/NYC 차량 2시간 거리)
대상	학과목 예비 7-10 학년/운동 (프로그램별 상이)
원서 마감	Rolling
캠프 기간	6월-8월 (프로그램별 상이)
학비	~$8,600 (학비+기숙사)/개인 비용 별도 (프로그램별 상이)
프로그램	학과목 – Enrichment Program 라이팅을 포커스로 기타 활동과 함께 짜여진 프로그램 – Acc. Math (Online) 온라인 수학 프로그램 – Online Academy 온라인 라이팅 프로그램 운동 – Rafa Nadal Academy 테니스 캠프 – Arsenal Soccer Camp 축구 캠프 – Nutmeg Volleyball Camp 배구 캠프 – PGC Basketball Camp 농구 캠프 예술 – Bolshoi Ballet Academy Summer Intensive 발레 캠프

Northfield Mount Hermon School Camp

Camp Information

구분	내용
지역	Gill, MA (Boston 차량 2시간 거리)
대상	예비 7학년-12학년 (프로그램별 상이)
원서 마감	Rolling
캠프 기간	7월-8월 (프로그램별 상이)
학비	약 $5,600-$9,300 (학비+기숙사)/개인 비용 별도 (프로그램별 상이)
프로그램	학과목 – Rising Scholars Program – English for Speakers of Other Languages Program (ESOL) 운동 – Alternative Program: LEAD – Outdoor Leadership Program (추가 비용) (예: 카누잉, 등산, 암벽등반, 수영, 래프팅)

Peddie School Camp

Camp Information

구분	내용
지역	Hightstown, NJ (NYC 차량 1시간 거리)
대상	6-12세
원서 마감	Rolling
캠프 기간	7월 9일-7월 22일
학비	약 $3,000 (학비+기숙사)/개인 비용 별도
프로그램	Summer Academy (Peddie Experience, STEM/Humanities/Art 중 3과목 선택 수강)

Phillips Academy Andover Camp

Program

필립스 아카데미 앤도버의 여름 프로그램은 심화학습을 목표로 하는 학구적인 프로그램이다. 탑 보딩과 대학입시를 준비하는 글로벌 리더 양성 프로젝트로, 전통과 혁신을 결합한 70개가 넘는 코스가 있으며 매해 전 세계에서 600명 이상의 학생들이 캠프에 참여하며 학생들의 안전을 위해 24시간 의료진이 대기하는 의료시설을 이용할 수 있다.

일반적이지 않은 수업들이 많은데 자연 세계의 도표화, 해양 생물학과 수학의 만남, 고고학의 실제적 체험, 비행 물리학 등이 중학생 과정에 있고 인텐시브 영화 워크숍, 게임 디자인 및 개발, 신경심리학 등이 고등학생 과정에 있다. 대부분의 캠프처럼 앤도버 캠프 역시 평일 오후에는 스포츠를, 주말에는 주변 견학을 간다.

온라인 코스가 굉장히 잘되어 있으며 실제 수업 시간과 온라인 수업이 섞여 있어 시차 때문에 고민하는 외국 학생들에게 많은 도움이 된다고 한다. 온라인 수업으로 부족하거나 궁금한 것은 선생님과 정기적인 실시간 일대일 면담으로 보완해 학습 효율을 높인다.

Camp Information

구분	내용
지역	Andover, MA (Boston 차량 1시간 거리)
대상	12-17세 (프로그램별 상이)
원서 마감	Rolling
캠프 기간	6월-7월 (프로그램별 상이)
학비	약 $10,300 (학비+기숙사)/개인 비용 별도 (프로그램별 상이)
프로그램	English Language Learners들을 위한 5개의 특별한 수업 제공

Phillips Exeter Academy Camp

Program

필립스 엑시터 캠프는 중고등학생을 위한 5주 여름 과정으로 하크니스 명성의 엑시터답게 토론과 협동을 통한 배움을 중요시한다. 하크니스란 엑시터에서 시작된 학생 주도의 그룹 토의 학습 방식이며 준비, 청취, 그리고 발표의 주요 요소로 구성돼 있다. 프로그램은 7, 8학년생을 위한 Access Exeter와 9-12학년생을 위한 100개가 넘는 과정으로 구성된 Upper School로 구성되어 있다. 오전에는 수업, 오후에는 스포츠, 공연, 댄스, 영화, 장기 자랑 등 다양한 프로그램이 있다.

특히 100여 개 가량의 수업 중에 테마별로 그룹핑 된 코스 3개를 선택하여 참여할 수 있는 프로그램이 장점이다. 프로그램의 테마들은 자연과학, 예술, 범죄학, 고전학, 영화제작, 대중 연설 등 일반적인 수업에서는 접하기 어려운 고급 학문으로 구성되어 있다. 글로벌리더십과 대학에서나 접할 법한 학문들을 직접 경험함으로써 놀이와 학문을 결합한 수업을 통해 직업 체험과 전공 선택을 학문적으로 친근하게 접근하는 장점이 있다.

Camp Information

구분	내용
지역	Exeter, NH (Boston 차량 1시간 거리)
대상	11-13세 (프로그램별 상이)
원서 마감	Rolling
캠프 기간	7월-8월 (프로그램별 상이)
학비	약 $10,000 (학비+기숙사)/개인 비용 별도 (프로그램별 상이)
프로그램	학과목 - Access Exeter (Creative Design, Land and Sea, The Creative Arts, Exeter CSI, Movie Time 등) SSAT Prep 운동 - Exeter Rowing Club, Exeter Soccer Club, Exeter Volleyball Club, Yoga 예술 - Glee Club, Jazz Jam, Evening Ensembles

St. Mark's School Camp

Camp Information

구분	내용
지역	Southborough, MA (Boston 차량 40분 거리)
대상	8-18세 (프로그램별 상이)
원서 마감	Rolling
캠프 기간	7-8월 (프로그램별 상이)
학비	$4,800~ (학비+기숙사)/개인 비용 별도 (프로그램별 상이)
프로그램	운동 – Pilat Lacrosse Goalie School 라크로스 골키퍼 캠프 – Trilogy Lacrosse Future Aces New England Camp 라크로스 캠프 – Tim Morehouse Fencing Camps 펜싱 캠프 기타 – CAS Trips' Global Student Conference 글로벌 캠프

Taft School Camp

Camp Information

구분	내용
지역	Watertown, CT (New York 차량 2시간 거리)
대상	Entering 7th or 8th
원서 마감	Rolling
캠프 기간	6월-7월 (프로그램별 상이)
학비	약 ~$9,100 (5 weeks) (프로그램별 상이)
프로그램	Young Scholars (Choose 4 courses) 5 weeks (Outside the classroom, students take full advantage of all the cultural, athletic, and recreational opportunities offered by Summer Taft)

미국 명문 보딩스쿨 합격 전략

The Webb Schools Camp

Camp Information

구분	내용
지역	Claremont, CA (Los Angeles 차량 1시간 거리)
대상	예비 7-9학년
원서 마감	Rolling
캠프 기간	1차: 7월 8일-17일(2주) 2차: 7월 19일-28일(2주) 일정은 매해 변경
학비	약 $3,200 (학비+기숙사)/개인 비용 별도 (프로그램별 상이)
프로그램	학과목 – Science & Engineering 과학 & 엔지니어링 – Paleontology (Opportunity to work in the Alf Museum) 고생물학 (박물관 근무 기회 제공) – Global Changemakers 리더십 – Medical Science 의학 예술 – Digital Arts 디지털 아트

비교과 활동/캠프/대회(Extracurricular/Camp/Competition)

CTY (Johns Hopkins Center for Talented Youth)

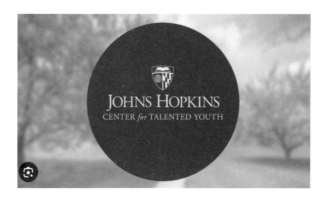

1979년에 설립된 존스 홉킨스 대학교의 비영리 학술 센터 Center for Talented Youth는 2~12학년에게 학문적 우수성과 터닝 포인트가 되는 경험을 제공한다.

CTY에 등록하려면 먼저 멤버십에 가입해야 하며, 미국 학생은 $50, 유학생은 $60의 비용을 낸다. 그 후 적격 시험 점수를 제출하여 "고급 CTY 수준"(현재 등록 학년보다 4학년 수준의 높은 능력을 보이는 것으로 정의) 또는 "CTY 수준"(현재 등록 학년보다 2학년 수준의 높은 능력을 보이는 것으로 정의)에 해당하는지 보여 줘야 한다. 적격 시험의 종류에는 SCAT, PSAT, SAT, ACT 및 STB(Spatial Test Battery)가 있다.

구분	온라인 프로그램	캠퍼스 프로그램
지역	전 세계	메릴랜드, 뉴욕, 로드아일랜드, 펜실베이니아, 캘리포니아
대상	2-12학년	

원서 마감	- 클래스 수강 및 클럽: 8월 8일 - 실시간 수업: 8월 29일 - 개인 맞춤 수업: Rolling	- 5월 26일 - 6월 2일 이후는 결원의 경우 해당
캠프 기간	- 클래스 수강 및 클럽: 8월 21일 - 실시간 수업: 9월 13일/16일 - 개인 맞춤 수업: 등록일부터 2주간 (해마다 변동)	캘리포니아 캠퍼스 - 세션 1: 7/2~7/21 - 세션 2: 7/23~8/11 그 외 모든 캠퍼스 - 세션 1: 6/25~7/14 - 세션 2: 7/16~8/4
학비	- 클래스 수강: $1,325 - 실시간 수업: $1,325 - 개인 맞춤 수업: $695-$2,130 - 클럽: $185-$380 (수강하는 과목마다 학비 상이)	$2,999~$6,199 (수강하는 과목마다 학비 상이)
프로그램	컴퓨터 공학, AP 과학, AP 수학, AP 언어, AP 역사 및 사회과학 등	컴퓨터 공학, AP 과학, AP 수학, AP 언어, AP 역사 및 사회과학 등

Duke Pre-College Program

코로나19 팬데믹으로 인해 2020년과 2021년 여름 기숙사 프로그램을 취소한 듀크대학교는 듀크 TIP 프로그램을 영구적으로 취소한다고 공식 발표하였고, 대신 고등학생을 위한 새로운 듀크 고등학교 예비 대학 프로그램을 진행한다. 듀크대학교 여름 프로그램은 더 이상 표준화된 시험 점수를 기준으로 사용하지 않는다. 즉 Pre-SAT, SAT 또는 ACT에서 얼마나 높은 점수를 받았는지는 듀크 예비 대학 프로그램 입학에 절대적인 영향을 주지 않는다. 대신 지원자의 지원서 및 자소서 (Personal essay, Application essay)의 비중이 가장 커졌다.

구분	프로그램
대상	중학생, 고등학생
원서 마감	- 12월 15일 원서 오픈 - 2월 1일 Early 원서 마감 - 4월 1일 Regular 원서 마감
캠프 기간	- 고등학교 session 1: 6월 20일~6월 30일 - 고등학교 session 2: 7월 5일~7월 15일 - 고등학교 session 3: 7월 18일~7월 28일 - 고등학교 온라인 session: 7월 17일~7월 28일 (해마다 변동)

세션 내용	- Session 1+2: 하이브리드 프로그램. 첫 주는 온라인, 둘째 주는 캠퍼스 - Session 3: 캠퍼스 대면 수업 - 온라인 Session: 온라인 수업
학비	- 원서 접수비: $150 (환불 불가) - 수강비: $4,200~$2,900 (중학교, 고등학교 과목별 학비 상이)
프로그램	Engineering, Humanities, Mathematics, Science, Social Science, Technology, Personal Finance

Hugo House Camp

  휴고 하우스는 책을 좋아하거나 글을 쓰고자 하는 의욕이 있는 모든 사람에게 문학의 세계를 열어 주는 것을 목표로 하는 시애틀의 비영리 문학 예술 단체이다. 휴고 하우스에서 Youth Program은 청소년 작가들이 경험이 풍부한 전문 작가와 교사의 지도 아래 문학에 대해서 배우고 창작 및 작문 수업을 한다. 그중에서도 Scribes Summer Camp는 글쓰기에 관심 있는 모든 청소년이 자신의 목소리를 낼 수 있는 기회를 제공하고, 무료 프로그램, 소정의 수업료, 유료 프로그램의 장학금 제공 등 모든 청소년 작가의 요구를 충족하기 위해 프로그램의 가격과 지원 수준이 다양하게 제공된다.

구분	프로그램
대상	5~12학년
원서 마감	각 수업의 시작 날짜 전까지
캠프 기간	- 8월 7일 또는 8월 14일 (해마다 변동)
학비	- 수업당 $200~$900 (클래스별 상이)
프로그램	Fiction, Nonfiction, Poetry, Short Story

SIG (Summer Institute for the Gifted)

SIG는 초등학생부터 고등학생까지 다양한 연령대의 여름 프로그램을 다양한 지역의 캠퍼스에서 진행하며 독점적인 STEAM+ 과정 또한 제공하고 있다.

초등학교 1~5학년을 위한 SIG의 초등 프로그램은 영재와 재능 있는 청소년의 마음과 창의력을 자극하는 동시에 학교와 가정에서 바르게 자라는 데 도움이 되는 주요 사회적, 정서적 기술을 배울 수 있도록 도와준다. 초등학생 프로그램의 경우 기숙사 숙박은 불가하고 통학 프로그램만 제공하고 있다.

SIG는 6~11학년의 영재 중고등학생을 위한 여름 프로그램을 제공하여 60개 이상의 흥미롭고 도전적인 종합 교과, 예술 및 레크리에이션 과정을 지원한다. SIG의 독점적인 STEAM+ 과정은 초등

학교 1~5학년 영재 학생 또는 중학교 6~11학년 영재 학생들에게 적합한 수준으로 진행되며, 학생들은 비슷한 연령과 능력을 가진 또래 친구들과 그룹으로 나누어 수강하게 된다.

구분	프로그램
대상	초등학생, 중학생, 고등학생
원서 마감	2월 15일 (캠퍼스별 상이, 해마다 변동)
캠프 기간	3주
학비	$1,899~$8,299 (캠퍼스별 상이)
캠퍼스 옵션	Bryn Mawr College, UC Berkeley, UCLA, University of North Carolina at Chapel Hill, Yale University, Boston University Elementary, Emory University Elementary, Fairfield University Elementary, Montclair State University Elementary, UCLA Upper Elementary
통학 옵션	각 캠퍼스별로 기숙사 옵션, 통학 옵션으로 나뉘어지고 옵션마다 학비와 프로그램 시작 날짜가 다름

Mathcounts Competition Series

Mathcounts는 미국 내 모든 주와 컬럼비아 특별구, 푸에르토리코, 괌, 미국령 버진 아일랜드에서 6~8학년 과외 수학 프로그램을 제공하는 비영리단체이다. 이 단체의 목적은 각각 다른 수준의 중학생에게 수학 및 문제 해결에 대한 자신감을 키우고 태도를 개선할 수 있는 매력적인 수학 프로그램을 제공하는 것이다. 수학 대회 시리즈는 학교 단위, 지부(챕터) 단위, 주 단위, 전국 단위의 네 가지 레벨로 나뉜다. 학생들은 이전 레벨에서의 성적에 따라 각 레벨로 진급할 수 있고, 레벨이 올라갈수록 문제의 난이도도 올라간다. 모든 학생은 학교 기반 경쟁자 또는 학교 외 경쟁자("NSC")가 되고, 대부분의 학생들은 학교 단위 대회부터 시작하여 학교를 통해 수학 대회에 정식으로 참가하게 된다. 학생의 학교가 경쟁 시리즈에 참여하지 않을 경우, 지부 단위 레벨에서 Non-school Competitions(NSC)로 시작하여 개별적으로 참여할 수 있다.

구분	레벨 내용
학교 레벨	각 학교의 코치는 학교에서 최대 12명의 학생을 선발하여 챕터 대회에 진출시키고, 그 중 4명은 학교 공식 팀으로 출전한다.
지부 (챕터) 레벨	자격을 갖춘 모든 학생은 개인 자격으로 출전할 수 있으며, 공식 학교 팀에 속한 학생은 팀으로 출전할 수도 있다. 좋은 성적을 거둔 상위 팀과 개인 참가자는 주 대회에 진출한다. 정확한 예선 횟수는 지역마다 다르다.
주 (State) 레벨	모든 예선 참가 학생들은 개인 자격으로 출전할 수 있으며, 자격을 갖춘 학교 팀에 속한 학생은 팀으로도 참가할 수 있다. 상위 4명의 개인 참가자는 전국대회에 출전할 자격이 주어지고, 우승한 학교 팀의 코치가 주 대표팀의 코치가 된다. 일부 주에서는 주 내 대학에서 주 최고의 개인 참가자에게 장학금을 지급하기도 한다.
전국 레벨	자격을 갖춘 학생과 코치는 전국대회에 참가할 수 있는 경비 전액을 지원받는다. 대회는 일반적으로 주말에 3-4일 동안 진행되고, 주 대표팀 코치가 팀의 감독을 맡는다. 학생들은 전국 챔피언 타이틀을 놓고 개별적으로 경쟁하거나 주를 대표하여 팀으로 경쟁하게 된다. 가장 높은 점수를 받은 12명이 카운트다운 라운드에 진출하게 되고, 이 라운드의 우승자가 전국 챔피언으로 결정된다. 최고 성적의 개인 참가자와 최고 성적의 팀에게는 장학금과 상금이 수여된다. 과거에는 Space Camp 또는 현 미국 대통령을 만나기 위한 백악관 여행이 상품에 포함되었다.

Scholastic Art & Writing Awards

Scholastic Art & Writing Awards는 비영리단체인 The Alliance for Young Artists & Writers에서 주관하는 미국 대표적인 대회로, 미국 전역의 재능 있는 젊은 예술가 및 작가를 매해 선정한다. 이 대회는 지역 단위로 시작되며, 학생들은 '입선', '실버 키', '골드 키', '아메리칸 비전 어워드' 등이 포함된 다양한 지역 부문 상을 수상한다. 특히 '골드 키' 상을 받은 출품작은 전국 단위의 심사를 거치게 된다. 미술 또는 글쓰기 부문에서는 단 5명의 학생만이 '아메리칸 비전 어워드' 후보에 오를 수 있다. Scholastic Art & Writing Awards에 제출된 뛰어난 미술 작품과 문학 작품에는 장학금이 수여되며, 장학금에는 상금과 무료 또는 할인된 학비의 미술 및 글쓰기 프로그램이 포함된다.

구분	Art	Writing
대상	– 7-12학년 (13세 이상) – 미국 또는 캐나다 학교 재학생	
카테고리	– Architecture & Industrial Design – Ceramics & Glass – Comic Art – Design – Digital Art – Drawing & Illustration – Editorial Cartoon – Expanded Projects – Fashion – Film & Animation – Jewelry – Mixed Media	– Critical Essay – Dramatic Script – Flash Fiction – Journalism – Humor – Novel Writing – Personal Essay & Memoir – Poetry – Science Fiction & Fantasy – Short Story – Writing Portfolio (graduating seniors only)

	- Painting - Photography - Printmaking - Sculpture - Art Portfolio (graduating seniors only)	
접수 기간	- 9월: Scholastic Awards 접수 시작 - 12월~1월: 지역에 따라 Deadline이 상이 (12월 1일 마감인 지역도 있음)	
심사 날짜	- 1월: 지역 부문 (Regional Awards) 수상작 발표 - 3월: 전국 부문 (National Awards) 수상작 발표 - 6월: 전국 시상식 (National Ceremony)	

Research Science Institute (RSI)

Research Science Institute(RSI)는 고등학생을 위한 국제 여름 연구 프로그램이다. RSI는 교육 우수성 센터(CEE)가 후원하고 매사추세츠주 케임브리지에 있는 MIT가 주최한다. RSI는 전 세계 최고의 STEM 인재들이 모여 고등학교 마지막 학년을 앞두고 여름방학 동안 6주간 비용 부담 없이 독창적인 과학 연구를 수행할 수 있는 기회를 제공한다.

RSI의 핵심은 연구 인턴십으로, 참가한 학생은 처음부터 끝까지 전체 연구 과정들을 직접 참가할 수 있으며, 해당 분야의 최신 문헌을 읽고, 세부 연구 계획의 초안을 작성 및 실행하며, 연구 결과에 대한 컨퍼런스 형식의 구두 및 서면 보고서를 제출해야 한다.

구분	내용
대상	고등학생
지원 자격	- 고등학교 11학년 여름 (12학년은 지원 불가) - PSAT 점수: Math 최소 740 이상, Writing 최소 700점 이상 - ACT 점수: Math 최소 33점 이상, Verbal 최소 34점 이상 - 좋은 추천서 (수학, 과학 선생님) - 고등학교 GPA (수학, 과학 내신 가장 중요)
우대 사항	- 지역, 주, 전국 단위의 수학, 과학, 공학 경시대회에 오랫동안 참가해 온 기록이 있는 학생 - 대학 수준의 교과과정을 이수했거나 연구실에서 일했거나 독창적인 과학 연구를 수행한 경험이 있는 학생 - 과학, 기술, 공학, 수학 설계, 구현 및 분석 분야에서 상당한 능력을 보여주는 실습 프로젝트를 완료한 학생 - 지역사회 및 학교 활동에서 리더로 활동한 경험이 있는 학생
지원 서류	- 에세이: 과학, 기술, 공학 또는 수학에 대한 지원자의 목표, 최대 3개 추천서까지 가능 - 추천서: 수학, 과학 또는 연구 지도 교사 2명의 추천서 - 대학이나 연구소에서 4주 이상의 연구 프로젝트에 참여한 경험이 있는 지원자는 연구 감독자의 추천서 선호 - 고등학교 성적증명서 - 영어 공인 시험 점수: PSAT, SAT, ACT 및 AP 시험 (PSAT 선호)
해외 지원자	- 각 참가 국가마다 자체 선발 절차와 선발 일정이 다름 - 프로그램 담당자에게 연락하여 확인 필요

CHAPTER 6
추천 보딩스쿨 리스트
(School Feedback & Yes tip!)

Cardigan Mountain School(카디건 마운틴 스쿨)

국가	미국	지역	New Hampshire
전화번호	+ 1 603 523 4321	Email	admissions@cardigan.org

학교소개 | INTRODUCTION

설립연도	1945년	IB	N/A
학교타입	명문 보딩스쿨	AP프로그램 수	N/A
학교유형	남학교	SSAT 점수	Y
종교	Non-Denominational	ESL프로그램 지원	Y

허용학년	6~9	교사:학생비율	1:3
지원기한	Dec. 15	외국인비율	41%
학생수	225명	보딩비율	89%
학비	International $79,400	유니폼	N

과외활동 | ACTIVITY

Sports	Sailing, Cross Country, Football, Mountain Biking, Soccer, Alpine Skiing, Nordic Skiing, Snowboarding, Wrestling, Basketball, Hockey, C.O.R.E., Rock Climbing, Baseball, Lacrosse, Tennis
Extra	Afternoon Activities: Arts & Crafts, Canoeing, Flag Football, Hiking, Horseback Riding, Improvisational Theater, Kayaking, Lacrosse, Rock Climbing, Sailing, Street Hockey, Swimming, Boating, Ultimate Frisbee, Athletic Conditioning, Yoga, Photography, Bubble Soccer, Wiffleball, Foam Archery Attack, Disc Golf, Kickball, Badminton, Paddle-boarding, Yearbook, Neighborhood Games Theme Dinners, Optional Camping Trips, Secondary School Visits

스쿨 피드백 | SCHOOL FEEDBACK

Cardigan Mountain School은 6학년부터 9학년 남학생들을 위한 학교로 뉴햄프셔주에 위치하고 있는 명문 기숙학교이다. St. Paul's School 입학처에선 Cardigan Mountain School을 본인들의 Feeder School이라고도 칭한다. 무엇보다 투자를 많이 한 스포츠시설이 명문 시니어 보딩 지원 시 엄청난 기회로 작용한다. 현재 Secondary Placement를 맡고 있는 렝게티그 선생님의 부인이 한국인이고 한국 학생들에 대한 생활 코디네이터를 맡고 있으며 한국인 학생들에게 인기가 높은 학교이다.

The PEAKS(Personalized Education for the Acquisition of Knowledge and Skills) 프로그램은 모든 카디건 학생이 일주일에 반드시 네 번 참여해야 하며 코치들은 학생들에게 맞춤형 교육과정을 통해 자신의 장점/단점을 알아 가고 더욱 효과적으로 학업에 임할 수 있도록 도와주는 프로그램이다.

Cardigan Mountain School의 교육 이념을 통해 학생들은 개인의 학문적, 신체적 잠재력을 직접 확인하고 발전시킨다.

Eaglebrook School(이글브룩 스쿨)

국가	미국	지역	Massachusetts
전화번호	+ 1 413 774 7411	Email	admissions@eaglebrook.org

학교소개 | INTRODUCTION

설립연도	1922년	IB	N/A
학교타입	명문 보딩스쿨	AP프로그램 수	N/A
학교유형	남학교	SSAT 점수	Y
종교	Non-Denominational	ESL프로그램 지원	Y
허용학년	6~9	교사:학생비율	1:5
지원기한	Dec. 15	외국인비율	29%
학생수	256명	보딩비율	75%
학비	International $79,900	유니폼	N

과외활동 | ACTIVITY

Sports	Cross Country, Football, Martial Arts & Fitness, Mountain Biking, Soccer, Water Polo, Basketball, Ice Hockey, Skiing, Ski Patrol, Snowboarding, Squash, Swimming, Wrestling, Baseball, Flag Football, Golf, Lacrosse, Outdoor Program, Tennis, Track and Field, Ultimate Disc
Extra	Outdoor Activities: Skeet Shooting, Indoor Rock Climbing, Rafting, Biking, Camping, Rock Climbing Camping, Zip Lining, Whitewater Rafting, Trip to Mike's Maze & Campout & Apple Picking, Mushroom Foraging, Panning for Gold, Surfing, Pocumtuck Ridge Camping Trip, Baby Goat Yoga, Canoeing on Whipple Pond, Waterfalls & Fishing, S'Mores by a Pond, New England Falconry, Conway Fishing, Barton Cove Picnic, Catching Salamanders, Affinity Group Camping, Clay Pigeon Shooting, Fun in the Snow, Sled Dogs from Hilltown Adventures, Shad Fishing, Hiking, Primal Games Club, Hike to Skinner State Park, Dog Mushing, Trap Shooting, Maple Sugaring Tour, Bow Shoot, Archery, The Green River Clean-up Club, Whipple Pond Clean-up Club Community Service: The Eaglebrook Community Outreach Program, Making Connections with the Community, Filling Empty Bowls, Feeding Friends and Neighbors, Shooting Hoops for Heart, Helping Out in the Community, Dumpling for Sale, Working with Hospice, A Season of Giving Visual & Performing Arts: 3D Creations, Ceramics, Collage, Digital Art, Digital Photography, Drawing in the Natural World, Exploring the Design Thinking Process, Foundational Art, Independent Study/Advance Studio Art, Outdoor Art, Printmaking, Stained Glass, Stone Carving, Two-Dimensional Art, Woodworking, Ad Libs, Band, Chorus, Creative Literacy, Instrumental Workshop, Introduction to Acting, Jazz band, Piano Lessons, String Orchestra

스쿨 피드백 | SCHOOL FEEDBACK

Eaglebrook School은 6~9학년 소년들을 위한 남학교로, 따뜻한 배려의 분위기 속에서 자신들이 생각했던 것보다 더 많은 것을 배우고, 내면의 잠재력을 발견하고, 자신감을 키우고 흥미를 얻도록 지도한다. Eaglebrook에서는 모든 인종, 민족, 신념이 있는 소년들을 환영하며 모두 같은 권한과 의무를 공유한다. 90%가 넘는 보딩 비율을 자랑하는 명문 남자 주니어 보딩스쿨로 유명하다. 교장 선생님인 Andy Chase 선생님의 증조부가 이 학교를 사서 운영하고 있기에 교장이 자주 바뀌는 여타 학교와는 다르게 오너십으로 교육철학을 가지고 지속적으로 운영하는 특징이 있다. 카디건과 스포츠시설로는 Two Top이므로 두 학교가 카디건 데이, 이글브룩 데이 등을 통해서 지속적인 스포츠 행사를 매년 진행하고 있다. Eaglebrook은 각 학생들이 자신의 기본적인 재능에 대한 자신감을 갖고, 고등교육을 위한 능력을 향상시킬 수 있도록 도와주고 개개인의 다름을 존중하고, 배려와 인정으로 행동하도록 가치관 설립을 이끌어 준다.

삼성 이재용 부회장의 자제가 다닌 것으로 유명하며 유명 정치인이나 경제인들의 자제가 많이 다니고 있으며 주니어 보딩스쿨 중 항상 최고의 기부 금액을 경신하는 것으로도 유명하다.

Fay School(페이 스쿨)

국가	미국		지역	Massachusetts
전화번호	+ 1 508 490 8201		Email	admission@fayschool.org

학교소개 | INTRODUCTION

설립연도	1866년		IB	N/A
학교타입	명문 보딩스쿨		AP프로그램 수	N/A
학교유형	남녀공학		SSAT 점수	Y
종교	Non-Denominational		ESL프로그램 지원	Y
허용학년	(Boarding) 7~9		교사:학생비율	1:6
지원기한	Dec. 15		외국인비율	16%
학생수	475명		보딩비율	55%
학비	7학년 기준 7-Days Boarding $78,350 International $93,800		유니폼	N

Sports	Soccer, Football, Cross Country, Volleyball, Field Hockey, Golf, Tennis, Fitness, Basketball, Ice Hockey, Squash, Wrestling, Skiing & Snowboarding, Dance, Drama, Lacrosse, Track and Field, Outdoor Adventure
Extra	Upper School Clubs: Antler Club(community service), Backgammon, Calligraphy, Chess, Color Team Officers, Community Connections(diversity and inclusion), Competition Math, Creative Writing, Cultures Through Crafts, Debate, Economics Club, Editorial Cartoons, Greenhouse, Innovation Lab, Lawn Games, Math Tutoring Club, Model Building, Model UN, Moosepaper(our student newspaper), Music Practice, Open Art, Roses, Team Handball, Teas of the World, The Power of Sports, Thought Bubble, Trivia, Yearbook, Tinker Club, Coding Club, Creativity Design Club, 3D Design CAD/CAM, Electronics Club, Fashion Accessories Club Weekend Activities: Sports Boston Blazers lacrosse games, Celtics basketball, College football & soccer games, Lowell Devils hockey, New England Revolution soccer, Red Sox & Paw Sox baseball games, Rock wall, Yoga, Zumba dance class Arts & Culture Access to art studio, Beading, Ceramics, Crafts, Knitting, Painting, Music performances and plays in New York, Boston, and Worcester Outdoor Adventures Canobie Lake Park, Canoeing and kayaking, Fishing, Hiking, Ice skating, Rock climbing, Six Flags, Skiing, Snow tubing, Snowboarding, Snowshoeing, Swimming, White water rafting Trips Apple and pumpkin picking, Boston – North End, Faneuil Hall, Duck Tours, Fenway Park, Bowling, Laser tag, Local harvest festivals, Mall trips, Miniature golf, Movie trips, Museum of Science, New England Aquarium, Providence RI, Restaurant trips, Roller Skating

> Community Service
> Cardboard Tent City, Care packages for soldiers, Cradles to Crayons, Make-a-Wish Project, Walk for the Cure, Walk for Hunger, On Campus, Building a canoe, Cooking, Dances, Dodgeball tournament, Dorm Olympics, Hoop Fest basketball tournament, "Iron Moose" cooking competition, Karaoke night, Movies on the quad

스쿨 피드백 | SCHOOL FEEDBACK

St. Mark's School과 5분 거리에 위치해 있다. 보스턴에 인접한 학교로 보딩과 데이의 비율이 반반이며 데이스쿨로도 보스턴 지역에서 매우 유명한 학교로 알려져 있다. 여학생이 지원할 수 있는 학교 중에 명실상부 One Pick으로 꼽히는 학교이며 지원 시에 공인 성적(주니어토플, SSAT 미들레벨)을 비교적 높게 요구하며 매우 꼼꼼하게 지원서를 살피는 학교로 유명하다. 소규모 학급으로 이루어져 있어 학생 개개인에 대한 관심과 배려가 많은 학교다. Fay School의 도전적인 학습 환경은 학생들이 명문 고등학교 진학 준비를 할 수 있도록 도와준다. 학교의 교육 프로그램은 읽기, 쓰기, 비판적 사고, 분석, 그리고 문제 해결에 기반을 두고 책임, 노력, 친절, 존중을 강조한다. 다양한 수업, 운동, 예술 활동에 참여하며 학생들은 자신들의 재능과 능력을 발견하고 자신감 있게 적극적으로 주도권 있는 리더로서의 역할을 하도록 한다. 학교를 대표하는 두 가지 컬러(빨간색, 하얀색)의 팀으로 구분해 매년 팀끼리 학업 및 스포츠 경쟁을 한다.

국내에서 알 만한 졸업생으로는 서세원과 서정희 씨의 딸인 서동주가 다녔으며 서동주 씨는 웰슬리여대, MIT를 거쳐, 와튼스쿨 박사과정을 전액 장학금까지 받았다고 한다.

Indian Mountain School(인디언 마운틴 스쿨)

국가	미국	지역	Massachusetts
전화번호	+ 1 860 435 0871	Email	admissions@indianmountain.org

학교소개 | INTRODUCTION

설립연도	1922년	IB	N/A
학교타입	명문 보딩스쿨	AP프로그램 수	N/A
학교유형	남녀공학	SAT 점수	Y
종교	Non-sectarian	ESL프로그램 지원	Y
허용학년	(Boarding) 5~9	교사:학생비율	1:4
지원기한	Dec. 15	외국인비율	19%
학생수	250명	보딩비율	42%
학비	$65,235 (International $70,235)	유니폼	N

과외활동 | ACTIVITY

Sports	Soccer, Cross Country, Golf, Mountain Biking & Rock Climbing, Volleyball, Basketball, Swimming, Dance, Squash, Hockey, Skiing, Baseball, Lacrosse, Softball, Tennis
Extra	Club or Organization: Magic, Kiski Service Organization, Robotics, Skiing, Snowboarding, Ultimate Frisbee, Basketball, Running, Ukulele, Website Arts and Music Programs: Chit Chat Club, Gamers Club, Pottery, Rock, Stone, Student Action Leadership Team, The Springs Club, Wood Recreational Athletic Programs: Outdoor, Skiing, Tennis

스쿨 피드백 | SCHOOL FEEDBACK

1922년 Francis Behn Riggs가 구입한 농장 부지에 어린 남학생들을 위한 학교를 지어 1941년도 부터는 여학생을 받으며 남녀공학 기숙사 학교가 되었다. 하트퍼드에서 1시간 거리에 위치해 있고 The Hotchkiss School이 가까워 주요 스포츠 대회가 있을 때 학교시설을 이용하기도 한다. Indian Mountain School은 북부 Connecticut의 언덕에 자리 잡은 600 acres 캠퍼스에서 학생들은 행복, 관계, 몰두, 배움, 성장, 그리고 자신들이 누구인지 또 진정으로 무엇을 원하는지 찾게 된다. 학교의 교육철학인 '항상 참여하는 자세'는 소규모 그룹으로 나누어 유능한 교사들과 멘토들은 학생들과 언제나 연결되어 활기차고, 도전적으로 발전하도록 격려와 후원을 아끼지 않는다. 또한 학교는 학생들에게 학문, 체육, 예술 그리고 개인적인 성장을 달성하도록 지원한다. 전 한나라당 원내대표였던 나경원 씨의 아들이 이 학교를 나와 명문 시니어 보딩인 St. Paul's School를 졸업한 후 예일대학에 입학한 걸로 유명하다. Rumsey Hall과 지리적 위치로 인해 라이벌 학교이며 항상 두 학교가 지원 시 비교가 되기도 한다.

Rumsey Hall School(럼지 홀 스쿨)

국가	미국	지역	Washington, Connecticut
전화번호	+ 1 860 868 0535	Email	admissions@rumseyhall.org

학교소개 | INTRODUCTION

설립연도	1900년	IB	N/A
학교타입	명문 주니어보딩스쿨	AP프로그램 수	N/A
학교유형	남녀공학	SSAT 점수	Y
종교	Nonsectarian	ESL프로그램 지원	Y
허용학년	K~9(Boarding 6~9)	교사:학생비율	1:6
지원기한	Rolling	외국인비율	35%
학생수	335명	보딩비율	50%
학비	$69,870 ESL $7,300	유니폼	N

과외활동 | ACTIVITY

Sports	Fall: Football, Soccer, Cross Country, Field Hockey, Volleyball, Biking, Horseback Riding, Recreational Tennis, Fall Playset Design Winter: Ice Hockey, Basketball, Volleyball, Skiing, Winter Fitness, Recreational Tennis Spring: Lacrosse Baseball, Softball, Horseback Riding, Crew, Adventure Athletics, Golf, Tennis, Fitness
Extra	On Campus Weekend Activities: Open Gym for Basketball, Volleyball and Futsal Open Art Studio for Painting, Jewelry, Ceramics and Metal shop Skating and Pickup Hockey, Movies in the MAX, Indoor Rock Climbing, Sunday Yoga, Campfire and S'mores, Ping Pong, Mountain Biking, Soccer and Field Game Weekend Trips: Sporting Events, Movie Theaters, Plays and Musica Performance, Museums, Community Service Activities, Bowling, Batting Cage, Adventure Parks, Amusement Park (Six Flags/Lake Compounder), On Track Karting, Skiing, Cooking Class, Hiking and Camping, Dinner Trip Special Events: Talent Show, Giant Slip N Slide, Broomball Tournament, Pumpkin Carving, Bromley Ski Trip, Airband, Knocker ball, Spring Carnival, Senior Trip, Track and Field Day, Birthday Parties Community Service: Brandywine Assisted Living, Flanders Nature Center, Gunn Memorial Library, Judea Garden Project, MANNA House Soup Kitchen, Special Olympics, H.O.R.S.E. of CT, Save the Sound, Kent and Trust, Food Bank, Steep Rock Association, ALS Memorial Run, Breast Cancer Awareness Walk, Juvenile Diabetes Research Foundation Walk, Multiple Sclerosis Walk

스쿨 피드백 | SCHOOL FEEDBACK

Rumsey Hall School은 6학년부터 기숙 생활이 가능한 학교다. Rumsey에서는 전인교육을 강조하며 매주 월요일 교사진 미팅에서 학생들의 학업 진행 과정을 논의하고 화요일 아침 Effort List를 공지한다. 격주로 진행되는 Dorm Night에서는 교내 배구, 농구, 암벽 등반 등 다양한 대회를 진행하고 학기 말 Dorm Cup의 수상자를 결정하는 기준이 된다. 주말을 이용한 미술관, 박물관, 놀이공원으로 떠나는 주말여행과 기숙사에서 즐기는 낚시, 스케이팅 등이 제공된다.

연예인 중엔 배종옥 씨의 딸이 다닌 것으로 알려져 있다. 한때는 1순위로 Fay가 합격이 안 되었을 경우 2순위 지원의 선호도가 높았던 학교이다. 얼마 전에는 공식 지원 마감 일자가 되지 않았는데도 워낙 많은 지원서가 들어와 지원 접수를 더 이상 받지 않았던 사례도 있었으며 최근에 바뀐 교장선생님으로 인해서 학교가 많이 달라지고 있고 기부 등에 대한 활동에도 무척 적극적으로 변하고 있는 양상이다.

The Bement School(베멘트 스쿨)

국가	미국		지역	Deerfield, Massachusetts
전화번호	+ 1 413 774 7061		Email	admit@bement.org

학교소개 | INTRODUCTION

설립연도	1925년	IB	N/A
학교타입	명문 주니어보딩스쿨	AP프로그램 수	N/A
학교유형	남녀공학	SSAT 점수	Y
종교	Non-Denominational	ESL프로그램 지원	Y
허용학년	(Boarding) 3~9	교사:학생비율	1:8
지원기한	Dec.15th(International students)/Feb 1st(Domestics)	외국인비율	15%
학생수	223명	보딩비율	22%
학비	$ 76,500 (Boarding) $ 31,512 (Day)	유니폼	N

과외활동 | ACTIVITY

Sports	Fall: Cross Country, Dance Field Hockey, Girls & Boy's Soccer(Varsity) Boy's JV Soccer, Recreational Tennis, Mountain Bike Winter: Girls & Boys Basketball(Varsity), Boys JV Basketball, Alpine Ski Racing, Squash, Swimming & Diving, Winter Track, Yoga Spring: Golf, Girls & Boys Lacrosse, Tennis, Track & Field, Ultimate Frisbee
Extra	Karux(Yearbook), Literary Magazine, Math Club, Irving Literary Society, String Ensemble, Cannon Crew, Dance, Snowboarding, Band, String Orchestra, Chorus, Eco Club, Robotics Club, Student Council, Visual Art

스쿨 피드백 | SCHOOL FEEDBACK

최고의 명문 보딩인 Deerfield Academy 캠퍼스 안에 있는 학교로 전체 학생 수가 매우 적은 편이지만 디어필드의 최신 스포츠 시설 등을 같이 사용하고 있어 긍정적인 요소로 평가된다. 아울러 당연히 디어필드로 진학하는 학생들의 숫자가 단연코 높아 전략적으로 선택하는 학교이기도 하다. 학교 규모가 작고 인원이 적어 보딩 비율이 20%대 소수로 뽑아 Top 시니어 보딩스쿨에 대한 진학률도 높은 편이라 최근 인기가 높아지고 있다.

The Bement School은 유치원부터 9학년까지 수용하는 미국에서 몇 안 되는 Junior Boarding School로 교실에서 기숙사까지 전체적인 가족 같은 분위기를 유지하려 노력하고 있다. 또한 Clagett McLennan 도서관에서는 10,000권이 넘는 책들과 새로 리뉴얼된 3D프린터, 영상 촬영, 레고 건축 등 여러 가지 놀이 활동을 제공하고 있다.

The Fessenden School(페슨든 스쿨)

국가	미국	지역	West Newton, Massachusetts
전화번호	+ 1 617 964 5350	Email	admissions@fessenden.org

학교소개 | INTRODUCTION

설립연도	1903년	IB	N/A
학교타입	명문 주니어 보딩스쿨	AP프로그램 수	N/A
학교유형	남학교	SSAT 점수	Y
종교	Non-Denominational	ESL프로그램 지원	Y
허용학년	K~9(Boarding 5~9)	교사:학생비율	1:6
지원기한	Jan. 15/Jan. 31/rolling	외국인비율	25%
학생수	537명	보딩비율	20%

학비	7-Days Boarding (Gr.5) $77,660 (Gr. 6) $79,900 (Gr.7) $82,300 (Gr. 8) $82,400 (Gr.9) $82,500 7-Days Boarding International (Gr.5) $79,600 (Gr. 6) $81,900 (Gr.7) $84,300 (Gr. 8) $84,400 (Gr.9) $84,500	유니폼	N

과외활동 | ACTIVITY

Sports	Fall: Cross Country, Football, Golf, Mountain Biking, Sailing, Soccer, Recreational Tennis, Weight Training & Conditioning Winter: Basketball, Cross-Country Skiing, Hockey, Squash, Weight Training & Conditioning, Wrestling Spring: Baseball, Crew, Golf, Lacrosse, Mountain Biking, Tennis, Weight Training & Conditioning
Extra	Organizations (Clubs): Middle School Clubs: Beach Chair Book Club, Escape Room Challenge, Graphic Novel Club, Ice Piloo Polo, Pick-up Basketball, Recess Game, Rock Climbing, Tackle Football, Sneaker Club Upper School Clubs: Anime Club, Aviation Club, Board Games& Bagels, Chess Club, Community Service, Classic Movie Club, Cooking Club, Digital Music Making, Fitness Club, Hockey Club, Fessy Observer Club, Ping Pong Club, Robotics Club, Sherlock Holmes Plus, Strategy & Card Games, Surf Craft Club, Survivorman, Tennis & Pop Tennis, The Asian Society, VOICE, AKIN(Parent Group), Hispanic Heritage, FAME(Fessenden Alliance for Multicultural Education), SEED(Seeking Educational Equity and Diversity), MEG(Matters of Ethnicity and Gender)

미국 명문 보딩스쿨 합격 전략

Visual & Performing Arts:

Studio Art, Photography, Woodworking, Video Production, Advanced Band, Jazz Ensemble, World Percussion, Orchestra, Choral, Instrument Lessons, Theater Arts

Weekend Activities:

Indoor Surfing, Paintball, Lung Strong Road Race (Community Service), Boston Red Sox Professional Baseball game at Fenway Park, Indoor Skydiving, Hiking (Adirondacks), Go Kart Racing, Boston Marathon, Escape Room Boston, Flying Fishing (Cape Code), City Fun, Downhill Skiing, Rockwall Climbing, Dinner with Friends

스쿨 피드백 | SCHOOL FEEDBACK

The Fessenden School은 보스턴에서 20분 거리의 뉴턴 서쪽에 위치한 미국에서 제일 오래된 남자 주니어 보딩스쿨로, 학업적으로 고등학교 준비를 철저하게 시키기로 유명하며 문과 수업이 어렵기로 소문이 나 있다. 페슨든 학교는 정직함, 공감력 및 존경심을 중요시 여기며 학생들이 이러한 자질을 키워 나갈 수 있도록 지도한다. 3대 명문 남자 주니어 보딩스쿨에 항상 꼽히며 카디건과 이글브룩과는 달리 보딩 비율이 불과 20%밖에 되지 않는다. 한때는 형제자매나, 부모, 조부모가 페슨든 출신이 아니라면 지원하기 어려운 학교로 불려지기도 했었다.

Rectory School(렉토리 스쿨)

국가	미국	지역	Pomfret, Connecticut
전화번호	+ 1 860 963 6740	Email	admissions@rectoryschool.org

학교소개 | INTRODUCTION

설립연도	1920년	IB	N/A
학교타입	명문 주니어 보딩스쿨	AP프로그램 수	N/A
학교유형	남녀공학	SSAT 점수	Y
종교	Non-Denominational	ESL프로그램 지원	Y
허용학년	K-9(Boarding 5-9)	교사:학생비율	1:4
지원기한	Rolling	외국인비율	35%
학생수	250명	보딩비율	65%

학비	Domestic Boarding Students (5-Days): Grade5-6 $63,700 　　　　　Grade7-9 $64,600 (7-Days): Grade5-6 $72,200 　　　　　Grade7-9 $73,100 International Boarding Students Grade5-6 $78,600 Grade7-9 $79,500	유니폼	N

과외활동 | ACTIVITY

Sports	Fall: Cross Country, CrossFit, Dance, Fall Outdoor adventures, Soccer, Volleyball Winter: Basketball, Fencing, Ice Hockey, Squash, Swimming and Wrestling Spring: Baseball, Golf, Lacrosse, Softball, Tennis, Track and Field
Extra	Black and Orange Day, Winter Ski Program, First Fridays, and Dances Bookworms, Chess Club, Debate Club, Jewelry Making, Newspaper, REC Story(-Poem, Short Stories, Artwork, etc.), Robotics, Student Ambassadors, Student Council, Young Investors Club Weekend Activities: Fun Friday : Faculty vs 9th grade Soccer Tournament, Carnivals, Outdoor Movies, Humans vs Zombies, Holiday Fun On Campus Activities: Calhoun Gym, Fields & Seaward Pavilion, P.Y. & Kinmay Tang Performing Art Center, The Wolf Den Student Lounge, Collins Ars Barn, Hettinger Library, Dining Hall, At-Home Activities Off-Campus Activities: Aquarium, College Athletics, Movie Theaters, Museums, Performing Arts, 5K Road Race, 9th-Grade Trip to Boston, Apple Picking, Bowling, Car Show, Comic

Book Store, Escape Room, Haunted House, Hiking, Holiday Light, Ice Cream/ Frozen Yogurt, Mall Trip, Mini Golf, Renaissance Faire, Roller Skating, Swimming at the YMCA, Trips to Town

Seasonal Fun:
Halloween Extravaganza, Thanksgiving Dinner, Snowball Dinner Dance (Grade7-9), Snowball Dinner & Games(Grade 5-7), 9th-Grade Luau

스쿨 피드백 | SCHOOL FEEDBACK

1920년 설립 당시에는 기독교 기반의 남자 기숙사 학교였지만 후에 John Bigelow가 교장이 되면서 1대1 IIP 프로그램을 설립하면서부터 무 종교 남녀공학 기숙학교가 되었다. IIP 프로그램은 입학 시에 1년간은 의무적으로 하는 보충학습 프로그램이나 추가 비용 부담이 있어 호불호가 있다.

인근 대도시로 보스턴과 뉴욕이 있으며 138 acres의 캠퍼스는 평원과 나무들이 잘 어우러진 아름다운 풍경이 보이는 지역에 위치해 있다. 학생 개인에 대한 지원과 관심은 Rectory School 교육의 기초이며 학생 개인에 맞게 학습시키고 운동, 예술 분야에서도 돕는다. 학생이 성장하도록 돕는 교육 공동체인 Rectory School은 1995년 Blue Ribbon School(Blue Ribbon: 최상의 교육의 질을 인정하는 학교로 선발된 학교)로도 지정되었다.

현재, 교장인 Fred Williams, 서부에 있는 명문 시니어 보딩인 Cate 교장, 뉴햄프셔에 있는 New Hampton 교장이 같은 형제로 알려져 있고 현재의 교장선생님은 학부모들과 커뮤니케이션에 적극적인 것으로 알려져 있다.

미국 명문 보딩스쿨 합격 전략

Applewild School(애플와일드 스쿨)

국가	미국	지역	Fitchburg, Massachusetts
전화번호	+ 1 (978) 342-6053	Email	admissions@applewild.org

학교소개 | INTRODUCTION

설립연도	1957년	IB	N/A
학교타입	명문 주니어 보딩스쿨	AP프로그램 수	N/A
학교유형	남녀공학	SSAT 점수	Y
종교	Non-denominational	ESL프로그램 지원	Y
허용학년	PK~9(Boarding 4~9)	교사 : 학생비율	1:7
지원기한	Dec. 15/Feb. 1/rolling	외국인비율	7%
학생수	330명	보딩비율	8%
학비	7-Day – $70,000 5-Day – $61,500	유니폼	N

과외활동 | ACTIVITY

Sports	Fall: Soccer(Boys&Girls), Co-ed Field Hockey, Co-ed Cross Country Winter: Basketball(Boys&Girls), Yoga, Drama Spring: Lacrosse(Boys&Girls), Co-ed Track and Field
Extra	Applewild Ski Hawks: Ski Hawks는 Applewild School과 Wachusett Mountain Resort 간의 파트너십을 통해 5~9학년 학생들이 비수기 훈련 동안 함께 운동하고 겨울철에는 매일 스키를 탄다. Weekend Activities: Hiking and camping at Mt. Monadnock, High Ropes Course + Barbeque and Boating at Ms. Jolly's, Plimoth Patuxet Museums & Mayflower, Rafting on the Deerfield River

스쿨 피드백 | SCHOOL FEEDBACK

1957년에 설립된 Applewild School은 Massachusetts주 Fitchburg에 위치한 미국 주니어 보딩스쿨이다. 대도시인 보스턴과 뉴욕에서 약 한 시간 거리에 있는 학교로 유치원부터 9학년까지 프로그램을 제공을 하고 있으며 전체 학생 수 180명의 소규모 학교이다.

국제 학생들을 위한 ELL 프로그램을 제공하고 있고 학생들은 도전적인 교과과정과 다양한 과외활동에 참여를 하게 되며 음악, 스튜디오 아트, 연극, 체육 팀 스포츠 등 다양한 활동에 참여를 한다. Applewild의 특징은 학생들이 어린 나이에 받는 교육이 평생을 좌우한다는 점을 교육의 핵심 가치로 여기며 아이들의 적성 발견 및 인성교육에 집중적으로 시간을 부여하고 있다.

Hillside School(힐사이드 스쿨)

국가	미국	지역	Marlborough, Massachusetts
전화번호	+ 1 508 485 2824	Email	admission@hillsideschool.net

학교소개 | INTRODUCTION

설립연도	1901년	IB	N/A
학교타입	명문 주니어 보딩스쿨	AP프로그램 수	N/A
학교유형	남학교	SSAT 점수	Y
종교	Non-Denominational	ESL프로그램 지원	Y
허용학년	Boarding 4~9	교사:학생비율	1:4
지원기한	Rolling	외국인비율	38%
학생수	140명	보딩비율	60%

학비	5 Day Boarder(Domestic) $56,910 5 Day Boarder(Intl) $61,140 7 Day Boarder(Domestic) $66,465 7 Day Boarder(Intl) $71,695	유니폼	N

과외활동 | ACTIVITY

Sports	Fall: Cross Country, iLab, Golf, Soccer(Varsity & JV), Eco, Strength & Conditioning Winter: Hockey(Varsity), Basketball(Varsity & JV), 3rd Basketball, Skiing, iLab Spring: Baseball(Varsity & JV), Lacross(Varsity & JV), Tennis (Varsity), iLab, Eco Team, Track & Field, Wrestling
Extra	Club or Organization: Band, Dining Hall Prefects, Ping-Pong, Proctor, Yearbook Arts and Music Programs: Drama Club Recreational Athletic Programs: Eco Team, Farm Program, Innovation Lab, Robotics Team, Rock Climbing, Sailing/Crew, Ultimate Frisbee

스쿨 피드백 | SCHOOL FEEDBACK

1901년 설립 이래 학교는 체계적인 스쿨 시스템을 통해 학생들에게 최고의 교육 환경을 제공하기 위해 노력을 해 왔다. Hillside school은 두 자매가 남학생을 위한 자립 학교를 설립하면서 시작이 되었으며 학생 개개인의 인성교육에 중점을 두고 학생들은 연민, 결단력, 정직, 존중, 형제애라는 학교의 핵심 가치에 지속적으로 초점을 맞추면서 학업을 추진하도록 권장하고 있다.

North Country School(노스 컨트리 스쿨)

국가	미국	지역	Lake Placid, New York
전화번호	+ 1 518 523 9329	Email	info@northcountryschool.org

학교소개 | INTRODUCTION

설립연도	1938년	IB	N/A
학교타입	명문 보딩스쿨	AP프로그램 수	N/A
학교유형	남녀공학	SSAT 점수	Y
종교	Non-Denominational	ESL프로그램 지원	Y
허용학년	Boarding 4~9	교사:학생비율	1:3
지원기한	Dec. 15/Jan. 15/rolling	외국인비율	26%
학생수	78명	보딩비율	66%
학비	International: $79,500	유니폼	N

과외활동 | ACTIVITY

Sports	Alpine Skiing & Snowboarding, Basketball, Rock & Ice Climbing, Cross Country, Drill Team, Equestrian, Freestyle Skiing, Mountain Biking, Nordic Skiing, Soccer, Horseback Riding
Extra	Arts and Music Programs: Art Club, Ceramics Club, Chorus, Fiber Arts, Rock Band, Studio Art, Theater, Theatre Arts, Theatre Tech Recreational Athletic Programs: Alpine Skiing & Snowboarding, Basketball Club, Camping Club, Hiking Club, Music Theatre Club, Rock Climbing, Snowboarding Farm & Garden Chores: With the guidance of experienced farm educators, students care for and ride horses, as well as raise and tend to sheep, turkeys, goats, pigs, and several varieties of chickens

Asheville School(애쉬빌 스쿨)

국가	미국	지역	Asheville, North Carolina
전화번호	+ 1 828 254 6345	Email	admission@ashevilleschool.org

학교소개 | INTRODUCTION

설립연도	1900년	IB	0개
학교타입	명문 보딩스쿨	AP프로그램 수	16 AP Courses

학교유형	남녀공학	SAT 평균	1350점
종교	Non-Denominational	ESL프로그램 지원	N
허용학년	9~12	교사:학생비율	1:7
지원기한	Feb. 1/rolling	외국인비율	22%
학생수	294명	보딩비율	75%
학비	Intl Boarding Students $71,930	유니폼	N

과외활동 | ACTIVITY

Sports	Fall Sports: Cross Country(Varsity), Field Hockey(Girls Varsity), Football(Varsity), Golf(Girls Varsity), Soccer(Boys JV, Varsity), Tennis(Girls JV, Varsity), Volleyball(Girls JV, Varsity) Winter Sports: Basketball(Boys & Girls JV, Varsity), Swimming(Varsity) Spring Sports: Baseball(Varsity), Golf(Boys Varsity), Lacross (Boys & Girls Varsity), Soccer(Girls JV, Varsity), Tennis (Boys JV, Varsity), Track & Field(Varsity) Alpine Skiing, Climbing, Cross Country, Cross Country Running, Dance, Equestrian, Kayaking, Mountain Biking, Mountaineering, Rock Climbing, Snowboarding, Swimming and Diving, Wrestling
Extra	Club or Organization: Investment Club, Futsal Club, Microlending Club, The Ashnoca(Newspaper), Blue & White(Yearbook), The Review(Publication), LOGOS (Publication), Multicultural Board, Fellowship of Christian Athletes, Debate Team, Students for Life Asheville, Students for Environmental Action, Math Club, Ping Pong Club, Entrepreneurship Club, Model UN, Mitchell Cabinet(Service), HOSA(Future Health Professional), Student Council, Robotics/Technology Club, Gay-Straight

Alliance, Improve Club, Film Club, Photography Club, Martial Arts Club, Creative Writing Club, Sketch(Art Club)

App Development, Bird Watching Club, Black Student Union, Bow Tie Society, Chess Club, Christian Fellowship, Cinema, Cooking Club, Cycling, Design Club, Forensics, Gay Straight Alliance, Hoste Society(tour guides), International Club, Martial Arts Club, Math Club, Microlending, Mitchell Cabinet(Service Club), Multicultural Club, Peer Tutoring, Photography Club, Robotics, Student Activities Committee, Student Council, Table Tennis Club, The Ashnoca(Student Newspaper), Theatre Performance

Arts and Music Programs:
Studio Art I, II, III-IV, Studio Art 2D, Visual Art Afternoon Activity, Dance, Drama, Chapel Choir, Chorus, Handbell Ensemble, Instrumental Ensemble, Chorus, Chorale, Chamber Choir

Recreational Athletic Programs:
Equestrian, Mountaineering

스쿨 피드백 | SCHOOL FEEDBACK

North Carolina에 위치한 Asheville School은 1900년도에 설립되고 16개의 AP Course와 특화된 문과 수업들을 통해 학생들에게 명문 대학 진학에서 차별화된 경쟁력을 갖출 수 있도록 도움을 주고 있다. 산림으로 뒤덮인 300 acers의 웅장한 캠퍼스엔 9-12학년 학생들을 위한 과학실, 컴퓨터실, 큰 규모의 예술관, 미술관, 도서관 등을 갖추고 있다. 전교생이 300명 조금 안 되어 소규모에 속한 학교이며, 47명의 선생님 중 80%가 학교에서 학생들과 거주 중이다. 2018년 새로 지은 운동 센터에서 학생들은 수영장, 농구 코트, 헬스 센터 등 코치들의 도움을 받아 학생들이 이용 중이다.

Apple Distinguished School 애플 교육 프로그램으로 선정된 학교로서 최신 기술의 학습환경을 제공하고 애플사의 리더십 행사, 전문가와 미팅 기회를 얻을 수 있다는 것이 장점이다. 또한 최근 한인 학생들은 클린턴 대통령이 나온 것으로 유명한 조지타운대학을 많이 진학하고 있으며 명문 대학 진학률이 매우 높은 학교이다. 한인 유학생 중에는 유명 가수인 로이킴이 다닌 것으로 알려져 있다.

Avon Old Farms School(에이번 올드 팜즈 스쿨)

국가	미국	지역	Connecticut
전화번호	+ 1 860 404 4100	Email	admissions@avonoldfarms.com

학교소개 | INTRODUCTION

설립연도	1927년	IB	0개
학교타입	명문 보딩스쿨	AP프로그램 수	19개
학교유형	남학교	SAT 평균	1270점
종교	Non-Denominational	ESL프로그램 지원	N
허용학년	9~12	교사:학생비율	1:6
지원기한	Jan. 15	외국인비율	17%
학생수	416명	보딩비율	73%
학비	$72,300	유니폼	N

과외활동 | ACTIVITY

Sports	Baseball, Basketball, Cross Country, Football, Golf, Ice Hockey, Lacrosse, Soccer, Squash, Swimming, Tennis, Track and Field, Wrestling
Extra	Student Organizations: Zero Dark Thirty, A/V Club, AOF Medical Club, AOF Mental Health Club, Applied Math Club, Asian Student Union, Avon Legal Society, Avon Outreach, Book Club, Chat GPT Club, Chess Club, Coding and Cookies, Ethical Investment Learning Club, Environmental Club, Gaming Club, International Club, Investment Club, Networking Club, Peer Tutoring, R/C Car Club, S.N.A.P, Special Olympics, Yearbook, Yoga Club Performing Arts: The Avon Big Band, Super G Jazz, The New Avon Sound, Chamber Ensemble, Chorale, Honors Chorale, Riddlers, National Art Honors Society, Ordway Gallery, Enrichment Hour, Theater

스쿨 피드백 | SCHOOL FEEDBACK

1927년 설립된 남학생 기숙학교로서, Avon Old Farms의 풍부한 취미 활동은 학생들의 인성 함양에 도움이 되도록 초점을 맞춰 계획되었다. 863 Acres의 굉장히 큰 캠퍼스를 자랑하고 특히 Avon Old Farms 스쿨은 막강한 스포츠 프로그램을 제공한다. 총 400여 명의 학생들은 약 22개 주와 21개가 넘는 국적으로 다양성이 있으며 73% 학생이 기숙 생활을 한다. 또한 63명의 교사들 중 현재 38명은 학생들과 함께 학교에서 거주하며 학생들을 적극적으로 보살핀다.

뉴욕에서 약 2시간 반, 보스턴에서 약 2시간 거리에 위치하고 있는 남자 기숙학교. 로보틱스, 항공 엔지니어링, 컴퓨터 프로그래밍, 디지털 미디어 제작, 3D CAD 디자인 같은 여러 이공계 학업 활동을 제공하고 있다.

Belmont Hill School(벨몬트 힐 스쿨)

국가	미국	지역	Massachusetts
전화번호	+ 1 617 484 4410	Email	glinski@belmonthill.org

학교소개 | INTRODUCTION

설립연도	1923년	IB	0개
학교타입	명문 보딩스쿨	AP프로그램 수	19개
학교유형	남학교	SAT 평균	1290점
종교	Nonsectarian	ESL프로그램 지원	N
허용학년	7~12	교사:학생비율	1:6
지원기한	Feb. 15	외국인비율	13%
학생수	467명	보딩비율	5%
학비	$70,450(5-Day boarding)	유니폼	N

과외활동 | ACTIVITY

Sports	Alpine Skiing, Baseball, Basketball, Crew, Cross Country, Football, Golf, Ice Hockey, Lacrosse, Nordic Skiing, Sailing, Soccer, Squash, Tennis, Track and Field, Wrestling, Strength and Conditioning
Extra	PERFORMING ARTS: B Flats & Upper School Glee Club, Upper School Jazz Ensemble, School Orchestra, US Jazz Combo, Chamber Society, US Rock Group, Improve Club, Drama Club PUBLICATIONS: *The Sextant, The Podium, The Panel, The Sundial, Skimm* COMMUNITY SUPPORT: Alumni Ambassadors Group, Amnesty International, Gender & Sexuality, Meadow

green Nursing Home, Peer Leaders, Peer Tutoring, S.A.D.D., S.A.F.E., Student Admissions Committee, Student Senate, Sustainability Club, Work Crew, FO-CUS

SPECIAL INTERESTS and RECREATIONAL:
Poetry Club, Lyceum, Investment Club, Math Team, Model UN, Robotics Club, Spanish Club, French Club, Classics Club, Entrepreneur Club, Philosophy Club, Maker Club, Botany Club, Politics, Chinese Club, Sports Debate, Short Stories Club, Conspiracy Theory, Outdoor Club, Song Writing Club, Sons of Abraham, Chess, Standup Comedy

스쿨 피드백 | SCHOOL FEEDBACK

보스턴에서 30분 미만 거리에 위치한 Belmont Hill School은 Massachusetts에서 최고의 남학교로 학생들의 몸과 정신을 키우도록 교육하는 것을 목표로 한다. 7학년부터 12학년까지 통학이 가능하고 9학년부터 기숙이 가능하지만 주말을 제외한 주중 5일만 기숙이 가능하다. 보스턴 지역에서도 명성이 높은 학교이며 주위 Harvard, MIT 등 명문 대학교 진학률이 높다. Belmont Hill School에서는 프랑스, 스페인, 이탈리아, 중국 등 Study Abroad 프로그램을 운영 중이고 또한 Advance Science Research(ASR) 프로그램으로 잘 알려져 있으며 11학년과 12학년 학생들에게 대학, 병원 또는 전문 실험실에서 독립적인 과학 연구를 수행할 수 있는 독특한 기회를 제공한다. 또한 남학교이기 때문에 Winsor School이나 Dana Hall School 같은 인근 여학교와 함께 여러 활동에 참여하기도 한다.

9학년부터 기숙이 가능하지만 주중 5일만 기숙이 가능하며 학교에서 I-20를 발급해 주지 않아 국제 학생들은 지원이 어렵다. 학생 비자가 필요 없는 영주권자/시민권자 학생이더라도 부모님 중 최소 한 명은 보스턴 지역에 거주할 것을 요구하고 있다.

Berkshire School(버크셔 스쿨)

국가	미국	지역	Massachusetts
전화번호	+ 1 413 229 8511	Email	admission@berkshireschool.org

학교소개 | INTRODUCTION

설립연도	1907년	IB	0개
학교타입	명문 보딩스쿨	AP프로그램 수	16개
학교유형	남녀공학	SAT 평균	1300점
종교	Non-Denominational	ESL프로그램 지원	N
허용학년	9~12	교사:학생비율	1:4
지원기한	Jan. 15	외국인비율	16%
학생수	425명	보딩비율	89%
학비	$73,200	유니폼	N

과외활동 | ACTIVITY

Sports	Alpine Skiing, Baseball, Basketball, Crew, Cross Country, Field Hockey, Football, Golf, Ice Hockey, Lacrosse, Mountain Biking, Freestyle Ski & Board, Soccer, Squash, Tennis, Track and Field, Volleyball
Extra	Club or Organization: 1907 Society, Beatles Club, Berkshire Aviators, Business and Entrepreneurship Club, Chess Club, Creative Arts Club, Dog Walking Club, Environmental Action Club, French Club, Gay Straight Alliance(GSA), Gender Equity Club, Games Club, Giordano Book Club, Investment Club, Harry Styles Club, Jewish Student Union, Karaoke Club, The LD Alliance Club, Model United Nations, Neuroscience and Mental Awareness Club, Poetry Club, Robotics Club, Sailing Club, Stock and Crypto Club, WBSL Recreational Athletic Programs: Dance Program, Ritt Kellogg Mountain Program, Theater Productions Student Publications: The Green and Gray, The Dome, The Berkshire Scholar

스쿨 피드백 | SCHOOL FEEDBACK

1907년 설립, Sheffield, Massachusetts에 위치한 Berkshire School은 9-12학년 남녀공학 College Preparatory 사립 기숙학교이다. 다양한 Advanced Class와 AP를 제공하고 미국 정부로부터 환경 보전 노력에 대해 인정받은 학교이며 학교 에너지를 제공하는 8 Acres의 태양광 필드는 학교의 자랑이다. 학교의 모토인 'Pro Vita Non Pro Schola Discimus'의 뜻은 '학습-학교 수업에 국한되지 않고, 인생을 배우자'를 이행하기 위해 대부분 학생과 교사가 기숙을 하며 서로 공동체의식을 갖고 생활을 한다. 90% 정도의 학생이 기숙을 하고 33개의 건물이 있으며 그중 10개의 건물이 기숙사이다. 버크셔는 학업 수준이 높기로 유명하며 입학 경쟁이 매우 치열한 학교이다.

이 학교의 가장 재미있는 프로그램은 버크셔 라디오 스테이션(Radio Station WBSL 91.7 FM)이며 학생들이 직접 라디오 방송을 진행한다는 점이다. Mount Everett의 광경이 내려다보이는 언덕진 곳에 위치해 지리적으로 통학이 불편한 거리이기 때문에 보딩 학생 비율이 높은 이유이기도 하다. 또한 최근에 가장 인기가 좋은 항공 관련 프로그램의 하나로 Aviation Science가 있어 한 학기 동안 파일럿이 되기 위해 Ground School Certification Exam 시험을 준비하는 학생들을 위해 항공 과학 과정과 인문학 연구의 특별 프로그램을 제공하고 있다.

Blair Academy(블레어 아카데미)

국가	미국	지역	New Jersey
전화번호	+ 1 908 362 6121	Email	admission@blair.edu

학교소개 | INTRODUCTION

설립연도	1848년	IB	0개
학교타입	명문 보딩스쿨	AP프로그램 수	20개
학교유형	남녀공학	SAT 평균	1340점
종교	Non-Denominational	ESL프로그램 지원	N
허용학년	9~12	교사:학생비율	1:5
지원기한	Jan. 15/rolling	외국인비율	17%
학생수	465명	보딩비율	80%
학비	$72,700	유니폼	N

과외활동 | ACTIVITY

Sports	Baseball, Basketball, Crew, Cross Country, Football, Golf, Lacrosse, Soccer, Squash, Swimming, Tennis, Track and Field, Volleyball, Winter Track, Wrestling, Sculling, Water Polo, Softball
Extra	A Cappella, Amnesty International, Anonymous Hope, Archery Club, Auto Club, Black and Latinx Student Union, Blair International Awareness Club, Blair Bioethics, Blair Eats, Blair International Awareness Club, Big Brother & Big Sister Program, Blair Girls Who Code, Blair Oracle, Blue & White Key Society, Blue Crew, Book Club, Christian Fellowship, Drone Photography Club, Earthshine, Figure Drawing Club, FOCUS, Frisbee Club, GSA, Geography Club, Healthy Relationships Committee, Investment Club, Model UN, Nature Club, One Love, Spike ball Club, TedX, The Formular One Club, Women in Business Club

스쿨 피드백 | SCHOOL FEEDBACK

오랜 역사를 자랑하는 Blair Academy 캠퍼스는 Blairstown 언덕 위에 위치해 있고 뉴욕시와 거리는 97km다. 450 acres가 넘는 캠퍼스를 운영 중이며 최근 지속적인 투자로 더욱 시설을 늘리고 있다. 또한 대부분의 교사가 학교에 거주하고 있어 주말 또한 많은 프로그램이 운영되어 학생들이 주말에도 다양한 활동을 하고 있다. 학생 개개인의 성장에 초점을 둔 College Preparatory Curriculum은 대학 그리고 그 이후의 삶을 위해 자기 자신을 아끼는 마음과 리더십을 키울 수 있도록 짜여 있다. 힘든 학업과 학생들의 인성 발달이 균형을 이루기 위해 Drama, Music ensembles, Competitive athletics 및 다양한 Extracurricular activities를 제공하고 있다. 학교의 특징 중 하나는 타 학교들과 다르게 2명의 담임 격인 어드바이저를 선택 가능하다는 점이다. 한 분은 학업 담당이고 한 분은 학생의 감정과 생활 담당이다. 또한 'Society of Skeptics' 프로그램은 매주 한 번 유명 인사를 초청하여 세미나를 진행하고 있으며 국제 이슈 관련해 의논하고 토론하는 특별한 강의 시간으로 알려져 있다.

같은 주에 위치한 로렌스빌, 페디와 함께 뉴저지 3대 명문 보딩스쿨로 알려져 있으며, 아기자기하고 현대화된 아름다운 캠퍼스로 인해 많은 학생들이 인터뷰 투어 후에 이 학교를 선호하게 된다고 한다. 9홀의 골프코스, 8개의 운동장, 큰 규모의 수영장 및 7개의 스쿼시 코트 등 최고의 운동시설을 갖추고 있다. 페디 스쿨과는 라이벌 관계에 있고 Peter Curran 교장선생님은 하버드 교육대학원 출신이다.

Brooks School(브룩스 스쿨)

국가	미국	지역	Massachusetts
전화번호	+ 1 978 725 6300	Email	admission@brooksschool.org

학교소개 | INTRODUCTION

설립연도	1926년	IB	0개
학교타입	명문 보딩스쿨	AP프로그램 수	17개
학교유형	남녀공학	SAT 평균	1350점
종교	Episcopal	ESL프로그램 지원	N
허용학년	9~12	교사:학생비율	1:5
지원기한	Jan. 15	외국인비율	10%
학생수	365명	보딩비율	70%
학비	$73,400	유니폼	N

과외활동 | ACTIVITY

Sports	Baseball, Basketball, Crew, Cross Country, Dance, Field Hockey, Football, Golf, Ice Hockey, Lacrosse, Sailing, Soccer, Softball, Squash, Tennis, Volleyball, Wrestling
Extra	Club or Organization: Affinity Groups, Ashburn Society, Asian American Association, Beatbox Club, Brooks Brothers and Sisters, Brooks Improve Group(B.I.G.), Campus Activity Board, Chess Club, Choir, Community Service Club, Debating Society, Drama, Engineering Club, Environmental Group, Gender Sexuality Alliance, Intersection Magazine, Jewish Student Organization, Students Embracing Culture, The Tavern Publication, Tour Guides, Vocal Music, Women's Inc., Yearbook Arts and Music Programs: A Capella, Art Association, Bishop's Bells, Book Club, Chapel, Dance Club, Human Rights

스쿨 피드백 | SCHOOL FEEDBACK

보스턴에서 40분 거리에 있는 Lake Cochichewick 호수와 인접해 있는 Brooks School은 College Preparatory 남녀공학 기숙학교이다. 소규모 수업, 교사들의 개별적인 관심, 학생들과 잦은 대화를 통해 교육과정, 교육 방법, 최상의 학습환경을 위해 항상 개선하고 있다. Brooks School에서는 20여 개가 넘는 AP 코스를 포함하는 도전적인 아카데믹 커리큘럼과 함께 이 학교만의 차별화되고 매우 강한 스포츠 프로그램들은 다양한 리그와 뉴잉글랜드 챔피언십의 기록을 보유하고 있다. 또한 해외 여러 나라의 문화와 언어를 경험할 수 있도록 4-5주 기간 동안 Hungary, Morocco, Peru, Scotland, Spain 등 여러 나라에서 생활하며 새로운 경험을 할 수 있다.

당시 Headmaster였던 Endicott Peabody가 유명한 성직자 Phillips Brook의 이름을 따라 설립한 비교적 규모가 작은 학교로, 95%의 학생들이 AP 과목을 듣고 있으며 50% 정도의 학생들이 3개 이상 AP 과목을 듣고 있을 정도로 교육열이 높은 학교이다. 'Forefront of Science Program'으로도 유명한 학교이며 위치가 노스 앤도버에 위치하고 있어 필립스 앤도버를 지원하는 학생들이 2순위로 지원하는 경향도 있다.

미국 명문 보딩스쿨 합격 전략

Cate School(케이트 스쿨)

국가	미국	지역	California
전화번호	+ 1 805 684 4127	Email	admission@cate.org

학교소개 | INTRODUCTION

설립연도	1910년	IB	0개
학교타입	명문 보딩스쿨	AP프로그램 수	46개
학교유형	남녀공학	SAT 평균	1350점
종교	Non-Denominational	ESL프로그램 지원	N
허용학년	9~12	교사:학생비율	1:5
지원기한	Jan. 15	외국인비율	17%
학생수	300명	보딩비율	80%
학비	$74,975	유니폼	N

과외활동 | ACTIVITY

Sports	Baseball, Basketball, Cross Country, Dance, Football, Lacrosse, Soccer, Softball, Squash, Surf Team, Swimming, Tennis, Track, Track and Field, Ultimate Frisbee, Volleyball, Water Polo
Extra	Club or Organization: Alianza(Latino Student Alliance), Black Student Union, Blue Crew, California Mathematics League, Cate Liberals League, Cate Republicans, Cate Review(Literary Magazine), CateNet Masters, Chinese Language & Culture Club, Coagess(Yearbook), Cougar Cup, Cougar Online, Cultural Awareness Club, Culture Pot, Dance Club, Film Society, George School Investing Club, Goldfish in Java, Green Team, Havurah, Jewelry and Metalsmithing Club, Lantern(School Art & Poetry Magazine), LOGOS, Pennswood Committee, Pets Are Worth Supporting, R&B Step Team, Round Square, South Asian Student Society, Squares, Student Book Club, Student Senate, TERRA, The Crew(Video Club), The Curious George(School Newspaper), Theatre Arts, Tour Guides, Women's Forum Arts and Music Programs: Camerata, Cate Artists' Theatre, Chamber, Chorale, Latin American Students Organization Recreational Athletic Programs: Martial Arts Club, Pacific Rim Organization(PRO)

스쿨 피드백 | SCHOOL FEEDBACK

미국 서부에 몇 안 되는 기숙학교 중 하나인 Cate School은 The Thacher School과 라이벌이기도 하다. 미국 내에서 가장 재능 있고 다양한 학생들이 있다고 자부하는 Cate School은 9학년에서 12학년이 다니는 남녀공학 College Preparatory 기숙학교다. 캘리포니아주 해안가 지역에 있는 Cate School은 다양한 해양스포츠 활동을 할 수 있으며 학교 캠퍼스는 아름다운 스페인풍 건물들로 자리 잡고 있다.

Cate에서는 학업, 운동, 예술 그 외 다양한 교외 활동이 있으며 교사와 학생은 긴밀한 관계를 유지한다. 헌신, 학문, 우정을 통해 Cate School의 모든 구성원들은 설립자 Curtis Wolsey Cate의 정신에-아름다움, 선행, 활기찬 휴식, 고된 일-기여하고 있다.

Cate School은 Webb, Thacher 같은 소규모 보딩스쿨이며 교사들 대부분이 석사학위 이상의 소지자로 구성되었으며, 학교 기숙사가 Village 형태로 되어 있어 예쁜 캠퍼스로도 인기가 많다. LA에서 2시간 거리에 있다 보니 서부에 지인과 친척이 있는 사람들에게 매우 인기 있는 학교다. 또 해안가에 위치해 학생들이 서핑 같은 해양스포츠도 자유롭게 할 수 있다.

Choate Rosemary Hall(쵸우트 로즈메리 홀)

국가	미국	지역	Connecticut
전화번호	+ 1 203 697 2239	Email	admission@choate.edu

학교소개 | INTRODUCTION

설립연도	1890년	IB	0개
학교타입	명문 보딩스쿨	AP프로그램 수	26개
학교유형	남녀공학	SAT 평균	1397점
종교	Non-Denominational	ESL프로그램 지원	N
허용학년	9~12, PG	교사:학생비율	1:6
지원기한	Jan. 15	외국인비율	18%
학생수	867명	보딩비율	73%
학비	$68,380	유니폼	N

과외활동 | ACTIVITY

Sports	Baseball, Basketball, Crew, Cross Country, Diving, Field Hockey, Football, Golf, Ice Hockey, Lacrosse, Soccer, Softball, Squash, Swimming, Tennis, Track and Field, Ultimate Frisbee, Volleyball, Water Polo, Wrestling
Extra	**Affinity Groups/Global Awareness:** Arabic Club, Asian Student Association(ASA), Buddhist Meditation, Carib Club, Catholic Community at Choate, Chinese Club, Choate Afro-Latino Student Alliance(CALSA), Choate Amnesty International, Choate Diversity Student Association(CDSA), Choate Friends of Israel(CFI), Choate Korea Friendship Association(CKFA), Choate South Asian Association(CSAA), Christian Fellowship, French Club, Hillel, Hispanic-Latin Forum(HLF), International Student Society(IS^2), Japanese Club, Liberty in North Korea, Mental Health at Choate(MHAC), Muslim Student Association(MSA), Spectrum, Thai Club, Towards a Better Latin America(TABLA) **Arts & Expression:** Animated Arts Club(ARC), Art Club, The Artist, Choate Boar Studio, Choate Improve Club, Choate Model Congress, Choate Model United Nations Team(CRHMUN), Choate Slam Poetry Association, Creative Writing Club(CWC), Dance Company, Debate Team, Hip Hop Club, Kaprophones, Lilith, Maiyeros, Step Squad, Student DJ Association, Whimawehs, Young Democrats, Young Republicans **Community Service:** Any Where Autism Relates to Everyone(AWARE), Boards Open Doors, Friends of Simply Smiles(FOSS), Girl for Girls(G4G), Helping Hands, Make-A-Wish, Red Cross, Robin Hood Foundation, Special Pop Skate, Special Pop Swim, Teach Choate, Teach Music, Teach Wallingford, United Nations Children's Fund(UNICEF) **Publications:** The Artist, Beyond Choate, The Brief, The Choate News, The Currency Magazine,

High Society, Horizons Historical Review, the Lit, Lorem Ipsum, Overtime

Special Interests:

ACS Chem Club, Astronomy Club, Birding Club(Ornithology), Boar Pen, Chess Club, Choate Philosophy Club(CPC), Choate Programming Union(CPU), Choate Ski and Snowboard Club, Choate STEM Club(STEM), Classics League, Comic Book Club, committee on Student Activities(COSA), Conservation Proctors(C-Proctors), Distributive Education Club of America(DECA), Environmental Action Coalition(EAC), Fashion Club(in Moda), Future Problem Solving Club, Games and Change(G&C), Girl Code, Math Team, Photography Club, Physics Club, Political and Current Events(PACE), Readers United, Sac Tech Crew, Student Council, Sunday Soccer

스쿨 피드백 | SCHOOL FEEDBACK

Choate Rosemary Hall은 두 학교 Rosemary Hall(여학교)과 The Choate School(남학교)을 합쳐 설립된 남녀공학이다. 케네디 전 미국 대통령이 졸업한 학교로 잘 알려진 Choate Rosemary Hall은 엄격한 교과과정과 학생들의 성격 형성에 중요성을 두고 있으며 가족 같은 환경에서 교사와 학생이 같이 생활하고 배울 수 있는 곳이다. 높은 명성을 가진 만큼 매해 지원 열기도 뜨겁다. 매년 약 2,500명 이상의 지원자들이 Choate Rosemary Hall에 관심을 가지며, 그중 약 250여 명만 선택을 받는다. Choate Rosemary Hall의 Signature Programs(Advance Robotics, Arabic & Middle Eastern Studies, Art Concentration, Capstone Program, Environmental Immersion Program, JFK Program in Government & Public Service, Science Research Program, Term Aboard)은 각 학생의 관심과 재능을 더욱 확대시켜 효율적인 학습경험을 제공하고 있다. 현재 240여 개의 수업을 제공 중이며 116개의 건물과 다양한 스포츠시설이 있어 학생으로 하여금 교실 안팎으로 많은 경험을 할 수 있게 하고 있다.

캠퍼스 여기저기에 케네디 대통령의 동상과 흉상이 있으며, 놀라운 것은 고등학교임에도 불구하고 전 세계 유명 대학들과 과학 연구 프로그램을 함께하고 있다. 우리나라와는 한양대 공대와 연구를 같이하고 있다. 아울러 『7막 7장』 저자로 더 유명한 홍정욱 전 코리아헤럴드 대표가 직접 동문 환영회에서 뛰어난 학생 유치를 위해 활발하게 움직일 정도로 모교에 대한 애정이 깊다. 쵸우트는 필립스 앤도버, 엑시터와는 다른 학교 색깔과 건물 구조 양식을 갖추고 있으며 아시아권 학생들에게는 다소 차갑다는 인상을 갖는다. 쵸우트의 여름 캠프 프로그램은 매우 다양하고 인기 프로그램이 많아 빠른 마감으로도 유명하며 쵸우트를 등록하고자 하는 학생들이라면 매우 큰 도움이 된다고 한다.

Concord Academy(콘코드 아카데미)

국가	미국		지역	Massachusetts
전화번호	+ 1 978 402 2250		Email	admissions@concordacademy.org

학교소개 | INTRODUCTION

설립연도	1922년	IB	0개
학교타입	명문 보딩스쿨	AP프로그램 수	NA
학교유형	남녀공학	SAT 평균	1440점
종교	Non-Denominational	ESL프로그램 지원	N
허용학년	9~12	교사:학생비율	1:6
지원기한	Jan. 15	외국인비율	10%
학생수	395명	보딩비율	40%
학비	$74,690	유니폼	N

과외활동 | ACTIVITY

Sports	Alpine Skiing, Baseball, Basketball, Cross Country, Cross Country Running, Dance, Field Hockey, Lacrosse, Sailing, Soccer, Softball, Squash, Tennis, Track, Track and Field, Ultimate Frisbee, Volleyball, Wrestling
Extra	Club or Organization: Alianza(Latino Student Alliance), Anglers Society, Anime Association, Archery Club, Asian Students Association, Athletic Advisory Board, Banjo Club, Community Action Coalition, Concord Academy Service Activists, Debate Club, Disciplinary Council, Entertainment Committee, Environment Club, GCS(Groton Community Service Organization), GSA, Journalism, Men of Color Alliance, Outdoor Club, Performing Arts, Queer People of Color Club, Republican Club, Running Club, SAT Prep, Spirit Committee, Step Dance, Student Investment Fund, Student Publications: Mirage, Focus, and Hallmanac, Student Response Group, Tech. Production, Track, University Theatre Program, Women of Color Alliance, Young Democrats, Zoological Society Arts and Music Programs: Art Association, Arts Council, Bible Study, Ceramics Club, Chameleons(a cappella group), Chorus, Flicks

스쿨 피드백 | SCHOOL FEEDBACK

보스턴에서 30분 떨어진 Concord에 위치한 Concord Academy는 인간의 개성 존중, 문화의 다양성 수용, 우수한 교사진, 그리고 학생들은 학교를 생활과 배움이 있는 특별한 곳으로 만든다. 보스턴 인근의 유구한 역사가 있는 Concord Academy는 문화적으로 풍부하고 활기찬 커뮤니티로 구성되어 있다. 학생들의 열정적이고 참여하는 자세는 Concord Academy를 창조와 혁신으로 가득 채우는 학교로 정평이 나 있고, 다양한 예술, 스포츠, 교외 활동을 제공하고 있다.

Concord Academy는 다양한 AP 수업들이 있으며 타 보딩스쿨과 다르게 중국어, 불어, 독어, 라틴어, 스페인어와 같이 매우 다양한 제2외국어 옵션이 주어진다.

Concord는 미국 내에서 가장 부유한 지역에 위치하고 주변 집들과 캠퍼스가 구분이 되어 있지 않을 정도로 마을과 구분 없는 캠퍼스가 특징이다. 보딩 비율이 50%이며 매년 뽑는 학생 수가 적은 학교 중 하나이다.

Cranbrook Schools(크랜브룩 스쿨)

국가	미국	지역	Michigan
전화번호	+ 1 248 645 3610	Email	admission@cranbrook.edu

학교소개 | INTRODUCTION

설립연도	1922년	IB	0개
학교타입	명문 보딩스쿨	AP프로그램 수	20개
학교유형	남녀공학	SAT 평균	1470점
종교	Non-Denominational	ESL프로그램 지원	Y
허용학년	9~12	교사:학생비율	1:7
지원기한	Jan. 31	외국인비율	13%
학생수	795명	보딩비율	35%
학비	$54,800	유니폼	N/One dress up day per week

과외활동 | ACTIVITY

Sports	Alpine Skiing, Baseball, Basketball, Crew, Cross Country, Diving, Field Hockey, Figure Skating, Football, Golf, Ice Hockey, Lacrosse, Soccer, Softball, Swimming, Tennis, Track and Field, Volleyball
Extra	Student Publications: Crane-Clarion, Gallimaufry, Student Zines, Video Yearbook, Yearbook Club or Organization: African American Awareness Association, Amnesty Cranbrook, Book Club, Bridge the Divide, Brookside Tutoring, Cabinet, Chamber Music Club, Cranes for Change Crane-Clarion, Crane Clarion Cinema Club, Cranbrook Bible Study, Cranbrook Empty Bowls, Cranbrook Envisions a Cure Club, Cranbrook Teens Art Council Cranbrook for Kids, Cranes of Wall Street, Debate Team, Cranbrook Teens Art

Council, Drone Club, Dance Club, Drawing Club, Middle Eastern European Cultural Club, Ergasterion Club, Feminism Club/Women's Alliance, French Club, Genes in Disease and Symptoms, Girls Mentoring, Glass Onion, GO Club, Global Issues Club

Gold Key, Guitar Club, Hack Club, HUB Gardening, HUB Tutoring, Indian Culture Club, Japanese Club, Korean Club, Leaders in the Environment, Math Club, Michigan Youth in Government, Model United Nations, Namtenga Club, Peer to Peer, Philosophy Club, Science Research Club, Quiz Bowl, Team of Radio Controllers, Robotics Club, Soccer Club, Science Olympiad Club, SINO Club,(Space Club) The Beyond Earth Club, Spanish Club, Spectrum, Speech(Forensics), Squash Club, Student Council, Teenage American Republican Club, Veteran Student Alliance, Wilderness, Young Entrepreneurs Club

스쿨 피드백 | SCHOOL FEEDBACK

1922년부터 Cranbrook Schools은 커뮤니티 안에서 학생들의 인격, 관점, 그리고 꿈을 키우고 또 이루고 있다. 유치원부터 고등학교까지 총 1,500명 정도의 학생들이 재학하고 있는 매우 큰 규모의 학교이며, 기숙 학생의 비율은 40%로 타 학교들에 비해 많은 편은 아니다. Cranbrook Schools는 미국 내 주요 College Preparatory 학교 중 하나로 명성을 갖고 있다.

미시간주에서 처음으로 'SMART Exemplary School Award'를 받은 학교이며, 보딩 학비가 비교적 저렴하다. 학교는 Lower/Middle/Upper로 나뉘어 500/350/800 총 1,650명의 학생들이 다니고 있으나 보딩 비율이 다소 적은 것이 아쉽다.
Cranbrook Art Museum에서 여러 전시회가 해마다 진행되고 있으며 Wallace Ice Arena(아이스링크), Williams Natatorium(수영장) 시설을 갖추고 있다.

Deerfield Academy(디어필드 아카데미)

국가	미국	지역	Massachusetts
전화번호	+ 1 413 774 1400	Email	admission@deerfield.edu

학교소개 | INTRODUCTION

설립연도	1797년	IB	0개
학교타입	명문 보딩스쿨	AP프로그램 수	5개
학교유형	남녀공학	SAT 평균	1400점
종교	Non-Denominational	ESL프로그램 지원	N
허용학년	9~12, PG	교사:학생비율	1:6
지원기한	Jan. 15	외국인비율	12%
학생수	648명	보딩비율	88%
학비	$70,900	유니폼	N

과외활동 | ACTIVITY

Sports	Alpine Skiing, Baseball, Basketball, Crew, Cross Country, Cycling, Dance, Diving, Field Hockey, Football, Golf, Ice Hockey, Lacrosse, Soccer, Softball, Squash Swimming, Tennis, Track and Field, Ultimate Frisbee, Volleyball, Water Polo, Wrestling
Extra	Aerobics, Albany Road, Lit Magazine, Alpine Skiing, Amnesty International, Angling Club, Arabic Club, Animal Rights Club, Asian Student Association, Aquarium Society, Asian Student Association, Ballet, Ballroom, Dancing, Basketball, Black Student Coalition, Cheerleaders, Chess, Chinese Club, Chorus, Christian Fellowship, Classical Music Society, Classics Club, Community Service, Computer Club, Current Issues Speakers Club, Dance, Debate Forum, Deerfield Dance Club, Deerfield Scroll - Student Newspaper, Diversity Task Force, Elements, Environmental Action Group, Fashion Design Club, Figure Skating Club, Film Makers Society, Fitness, French Club, Frisbee Club, Get Rid of Homophobia, International Club, Italian Club, Jewish Student Coalition, Juggling Club, Latin American Society, Lifeguarding, Lingua Franca, Literary Magazine, Math Team, Model United Nations, Mountaineering Club, Music Appreciation Club, Peer Counselors, Peer Tutors, Pockumtuck - Yearbook, Radio Station, Recreational Basketball, Recreational Skiing, Recreational Snowboarding, Recreational Soccer, Recreational Squash, Recreational Tennis, Rifle Club, Soccer, SPAM - Student Activities, Special Exercise, Step Team, Student Council, Student Foreign Language Journal, Technology Proctors, Theater - school play, Tour Guides, Yearbook, Young Democrats, Young Republican Club

스쿨 피드백 | SCHOOL FEEDBACK

1797년에 설립된 Deerfield Academy는 Massachusetts의 서쪽에 위치해 있으며 600여 명의 학생 중 88%의 학생이 16개의 기숙사에서 생활하고 있다. "Be Worthy of Your Heritage(학교의 전통은 졸업생들의 유산 그 이상)." 1797년부터 수많은 졸업생들에 의해 만들어진 학교의 정체성과 핵심 가치들이다. Deerfield의 생활은 가치, 예의, 윤리로 이루어져 있으며, 학생과 교사들은 우정을 통해 '세심하고, 따뜻하게' 서로 지지해 주는 분위기로 함께 배우고 생활한다. 학교의 전통을 이어 가는 정신은 10,000명이 넘는 졸업생들로부터 현재까지 소중히 이어지고 있다.

약 195개의 수업을 제공하며 인접한 거리에 여러 동부 지역 명문대들이 자리 잡고 있는 만큼 Deerfield는 확연히 학구적인 분위기를 띠고 있다. 타 명문 보딩스쿨에 비해 국제 학생 비율은 적고, 특히 스포츠 부분에서는 뛰어난 실력을 갖추고 있는 것으로 알려져 있다.

필립스 앤도버, 엑시터와 더불어 입학 트렌드에서 가장 Hot하다고 해도 과언이 아닌 명문 보딩스쿨이다. 최근에는 학교에 많은 투자와 레노베이션을 통해 스포츠와 예술 시설을 확대했으며 기숙사 대부분이 1인 1실로 되어 있어 학생들에게 인기 또한 높다.

모든 수업들은 100~800으로 숫자가 배정되며 대학과 흡사하게 숫자가 높아질수록 난이도가 높아지기 때문에 300~400레벨의 수업들은 11, 12학년들이 수강 가능하다. 500~600레벨은 AP 및 대학교 신입생 수업의 난이도이며 700~800레벨은 대학교 2학년 이상의 레벨이다.

Honors European History, Honors US History, and American Studies를 제외한 영어와 사회 과목의 수업들은 레벨이 정해져 있지 않다.

2022~2023년 Academic year 이후로는 Math와 Arts 관련 AP 과목만 제공 중이다. 학교에서 AP 수업을 듣지 않아도 학교 측의 허락만 있다면 AP 시험 응시가 가능하다.

Emma Willard School(엠마 윌러드 스쿨)

국가	미국	지역	New York
전화번호	+ 1 518 833 1300	Email	admissions@emmawillard.org

학교소개 | INTRODUCTION

설립연도	1814년	IB	0개
학교타입	명문 보딩스쿨	AP프로그램 수	학교 자체 Advanced 포함 21개
학교유형	여학교	SAT 평균	1322점
종교	Nonsectarian	ESL프로그램 지원	N
허용학년	9~12, PG	교사:학생비율	1:7
지원기한	Feb. 1/rolling	외국인비율	23%
학생수	362명	보딩비율	65%
학비	$69,970	유니폼	N

과외활동 | ACTIVITY

Sports	Badminton, Crew, Cross Country, Field Hockey, Golf, Soccer, Swimming and Diving, Tennis, Volleyball, Basketball, Indoor Track, Lacrosse, Outdoor Track, Softball, Ski Racing, Softball
Extra	Student Leadership: Conduct Review Committee (CRC), Proctors & Prefects, Student Council, Student Diversity Leadership Group (SDLG), Wellness Advocates (WELLIES) Affinity Groups: Affinity for Diverse Abilities, Black Affinity Group, East Asian Affinity, Latine Affinity Group, Middle Eastern Affinity Group, Multimagic Affinity, Queer Affinity Group, South Asian Diaspora Affinity Group, Transgender, Gender Non-Conforming, Non-Binary Affinity Group Clubs & Activities: 12 Tones, Asian Student Union (ASU), Black Latinx Student Union (BLSU), Campus Players, Democracy Matters, Dor Va Dor, Embassadors, Emma Arch, Emma Genuis, Emma Green, Entrepreneurship Club, EWS Human Right Advocacy, F-Word, Fair Trade, Fellowship of Christians in Universities and Schools (FOCUS), Gargoyle, HOSA: Future Health Professionals, Humaniteam, Multicultural American International Student Union (MIASU), Junior Singing Group (JSG), Language Tutors, MedTalks, Mock Trial, Model UN, Muslim Student Union (MSU), OMEGA, Phila, Philosophy Club, Pride Alliance, PRIMES (Math & Science Tutors), Quiz Team, Robotics Club, SASD, Science Olympiad, Student Organization for Animal Respect (SOAR), Stock Market Club, SWENext: Engineering Club, The Clock, Triangle Arts & Triangle Lit

스쿨 피드백 | SCHOOL FEEDBACK

뉴욕 트로이에 위치한 Emma Willard School은 1814년도에 교육계의 선도자인 Emma Hart Willard가 무려 23살이던 때에 여학생들도 자신의 남자 형제들과 같은 배움의 기회가 있어야 된다는 신념 아래 교육 혁명을 일으켰다. Emma Willard School의 교육 이념은 모든 젊은 여성들이 배움의 즐거움을 알고, 지적 발전의 습관을 기르고, 도덕적 가치관을 깨닫고, 주도적인 여성으로 성장하는 것이다. 그래서 학생들은 교실에서, 운동장에서, 무대에서, 과학 실험실에서, 자발적으로 참여하고, 탐구하고, 엄청난 잠재력과 힘을 발산하며 배운다. 현재 36개 국가에서 온 학생들과 현지 미국 학생들이 23개의 기숙사에서 생활하고 있으며 교사 대 학생 비율이 매우 낮은 7:1이다. 또한 129개의 수업을 제공하고 있어 다양한 수업을 선택할 수 있고 17개 종목의 스포츠와 수많은 예술 과목들을 통해 다양한 방과후 활동도 참여할 수 있다.

미국에서 가장 오랜 전통을 자랑하는 1814년에 설립된 여학교이며 뉴욕 트로이시에 자리를 잡고 있다. 개인 맞춤 학습 프로그램 Practicum and Signature-학생 주도적 프로그램으로 캠퍼스 내외에서 학생이 더 깊게 공부하고 싶은 과목에 관련된 인턴십 또는 수업을 제공한다.

최근 한국 여학생들이 Ivy리그 진학률에서 매우 뛰어난 실적을 연이어 달성한 학교이다. 명문 보딩스쿨 중 국제 학생을 위해 ESL을 제공하는 몇 안 되는 학교다.

2023~2024년 Academic Year부터 AP 과정 대신 학교 자체 Advanced Studies(AS) 교육체계를 이끌어 갈 예정이다. AS 과정은 AP와 비슷하거나 더 난이도가 높으며 과목에 따라 학교 확인 후 AP 시험 응시가 가능하다. 9학년은 수강 불가, 10학년은 최대 1개 수강 가능, 11학년은 최대 2개 수강이 가능하며 12학년은 최대 3개 수강이 가능하다. 학생이 수강하는 Advanced 과목이 AP Exam 대비가 되는지는 커리큘럼 확인과 학교 어드바이저와 상의가 필요하다.

11~12학년에 참여하는 The Signature Program은 학생들의 관심 분야에 따라 교내 및 교외 리서치를 참여할 수 있는 기회로서 각 학생들에게 멘토가 배정된다. 완성된 프로젝트는 Spring Showcase를 통해 전교생 앞에 발표하게 된다.

Episcopal High School(에피스코팔 하이스쿨)

국가	미국	지역	Virginia
전화번호	+ 1 703 933 4062	Email	admissions@ehsva.org

학교소개 | INTRODUCTION

설립연도	1839년	IB	0개
학교타입	명문 보딩스쿨	AP프로그램 수	학교 자체 Honors 및 Advanced 포함 34
학교유형	남녀공학	SAT 평균	1290
종교	Episcopal	ESL프로그램 지원	N
허용학년	9~12	교사:학생비율	1:5
지원기한	Jan. 15	외국인비율	15%
학생수	464명	보딩비율	100%
학비	$69,700	유니폼	N

과외활동 | ACTIVITY

Sports	Baseball, Basketball, Crew, Cross Country, Field Hockey, Football, Golf, Kayaking, Lacrosse, Rock Climbing, Soccer, Softball, Squash, Tennis, Track and Field, Volleyball, Winter Track, Wrestling
Extra	**Student Leadership:** Activities Committee, Cheerleaders, Community Council, EHS Ambassadors, Monitors, Prefects, Service Council, Student-Athlete Advisory Committee, Vestry, Young Alumni Leadership Program (YALP) **Club or Organization:** Amnesty International, Art Club, Art History, Autism Awareness and Appreciation, Baking Club, Bracelets for a Cause, Breast Cancer Awareness, Business Club, Chess Club, Climbing Club, Crayons Matter at EHS, Culinary Club, Cultural Ambassadors Committee, The Chronicle (student newspaper, published monthly), The Daemon (art and literary magazine), Debate Club, EHS Art Pod, EHS Cooking Club, EHS E-Sports, EHS E-Sports Club, EHS Outdoors, EHS Pickle Ball Club, EHS TV, Embody Love Movement, Environmental Stewardship Club, Episcopal Dance Club, Episteme (student science blog), Film Club, Fishing Club, French Culture Club, Gender & Sexuality Alliance, German Club, Girls Who Start Government Club, Grill n Chill, History Club, Human Rights Advocacy, Lifting Club, Manga!!, Math Club, Mental Health Awareness Club, Mi Gente, Military Appreciation Club, Model UN, Movember, Music Appreciation Club, Net Zero Club, One Love Club, Orthodox Christian Fellowship (OCF), PAWS, Photography, Speaking Partners, SPECTRUM, Spikeball Club, Sports debate club, Students in Medicine, SWELL: Student Wellness, TableTalk, The Design Club, The Fashion Club, The FUN Club (Following Universal News), The Tea Party Club, UNICEF, Women in Stem (WiSTEM), Yingshan Wang, Yoga Club, Young Democrats, Young Republicans

스쿨 피드백 | SCHOOL FEEDBACK

Washington D.C.에서 불과 10분 정도 거리에 위치한 130 acres의 캠퍼스는 미국 수도가 제공하는 모든 예술, 문화, 학문의 접근이 용이하다. Episcopal High School은 평범하지 않은 기숙사 생활 경험, 특별한 College Preparatory Program을 통해 자아 발견, 생산성, 그리고 독립을 강조하여 졸업생들이 미국 내 최고의 대학에 진학할 수 있도록 준비시키고 자신의 삶에서 명예와 꿈을 갖게 한다. Episcopal은 학생 개개인이 지성과 도덕적 용기를 겸비해 원칙을 지키고 봉사하는 삶을 살도록 교육하고 있다. 특히 미국의 수도 Washington D.C.에 인접한 만큼 정부, 대사관, 미술관 등 최고의 문화적 배움을 얻을 수 있으며 자격이 주어지는 학생들에겐 유럽, 아시아 등 다양한 지역으로 해외 교환학생 기회도 주어진다.

모든 학생이 기숙사에서 생활하는 100% 보딩스쿨이며 교사진의 90%가 넘게 온 캠퍼스(On campus) 생활을 하는 학교이다. 워싱턴 D.C.와 10분 거리에 위치하고 있어서 매주 수요일 워싱턴 D.C. 현장학습을 나갈 수 있는 장점이 있다.

AP라는 용어 대신 Advanced라는 용어를 사용하며 학생이 수강하는 Advanced 과목이 AP exam 대비가 되는지는 커리큘럼 확인과 학교 어드바이저와 상의가 필요하다.

1 Credit의 Theology(신학) 수강이 필수이며 몇 학년에 입학하는지에 따라 수강 과목이 배정된다. 9학년에 입학하여 4년 이상 Orchestra, Choir, Dance를 듣는 학생들은 학교의 허락에 따라 면제될 수 있다.

교내에서 제공하지 않는 난이도가 높거나 특정 분야에 대한 수업은 학교와 연계된 Global Online Academy(GOA)를 통해 학기 중, 혹은 여름 방학 중 수강할 수 있다.

George School(조지 스쿨)

국가	미국	지역	Pennsylvania
전화번호	+ 1 215 579 6500	Email	admission@georgeschool.org

학교소개 | INTRODUCTION

설립연도	1893년	IB	33개
학교타입	명문 보딩스쿨	AP프로그램 수	19개
학교유형	남녀공학	SAT 평균	1240점
종교	Society of Friends	ESL프로그램 지원	Y
허용학년	9~12	교사:학생비율	1:7
지원기한	Jan. 15/Feb. 15	외국인비율	28.5%
학생수	544명	보딩비율	46%
학비	$73,100	유니폼	N

과외활동 | ACTIVITY

Sports	Cheerleading, Field Hockey, Cross Country Boys, Soccer Boys, Cross Country Girls, Soccer Girls, Equestrian, Tennis Girls, Football, Volleyball Girls, Basketball Boys, Swimming Girls, Basketball Girls, Wrestling, Cheerleading, Winter Track Girls, Equestrian, Winter Track Boys, Swimming Boys, Baseball, Softball, Tennis Boys, Golf, Track Boys, Lacrosse Boys, Track Girls, Lacrosse Girls, Ultimate Frisbee, Rowing, Yoga
Extra	Student Leadership: DISCIPLINE COMMITTEE (DC), DRUG AND ALCOHOL COORDINATING COMMITTEE (DACC), ENVIRONMENTAL STEWARDSHIP STEERING COMMITTEE (ESSC), GEORGE SCHOOL BOARD OF TRUSTEES, INTERNATIONAL STUDENT MENTORS, PEER GROUP LEADERS, PREFECTS, STUDENT ACTIVITIES BOARD (SAB), STUDENT COUNCIL, STUDENTS ASSOCIATED FOR GREATER EMPATHY (SAGE)

미국 명문 보딩스쿨 합격 전략

Club or Organization:

Acapella, Amnesty, Anime, Anthropology, Argo, Art History, Astronomy, Bio-chemistry, Book, Chess, Climate Action, Com-Engineering, Community Chorus, Computer, Cooking, CrypNTo, Curious George, CWC, FBLA, Fencing, Film, Food & Culture, French Club, Goldfish N Java, GS Athletic Media Team, Havurah, History, Investing, Jazz, LASO, Lifting, MATES, Math, Medforum, Model UN, Morgan's Message, Outdoor Games, Percussion, Plant, Plastic Model, Popping, Psychology, Red Cross, Robotics, SAGA, Samosa, Science Olympiad, SEASU, Ski, SRO, Table Tennis, Table Top, Thrift, Umoja, UNICEF, USAYPT, Water Polo, Women's Empowerment, Yearbook

스쿨 피드백 | SCHOOL FEEDBACK

필라델피아에서 40분 거리에 위치한 George School은 세상은 더 좋아질 수 있고, 사회는 달라질 수 있다고 믿는다. George School의 모토와 같이 학생들은 『Wuthering Heights(폭풍의 언덕)』을 읽으며 19세기 소설이 어떻게 현대의 감성을 표현하는지 배우고, New York Times로 경제를 배우고, Lacrosse 그리고 Softball 같은 스포츠로 경쟁을 하며 자신만의 이야기를 만들어 나갈 수 있다. 교사들은 적극적이고 깨어 있으며 항상 학생들에게 조언과 관심을 준다.

한인 학생들에게는 다소 생소한 퀘이커교를 따르며 사회정의와 환경보호를 중요시 여기고 예배는 조용히 묵상하는 것이며 종교를 강요하지는 않는다. George School의 특징은 IB 프로그램과 AP 프로그램을 모두 제공하는 미국 내 몇 안 되는 학교이며 150여 개의 교과목을 제공하고 있다. 졸업을 위해 매 Term마다 캠퍼스 서비스에 참여해야 하며 최소 30시간의 봉사 시간을 채워야 한다.

Georgetown Preparatory School(조지타운 프렙 스쿨)

국가	미국	지역	Maryland
전화번호	+ 1 301 493 5000	Email	admissions@gprep.org

학교소개 | INTRODUCTION

설립연도	1789년	IB	0개
학교타입	명문 보딩스쿨	AP프로그램 수	25개
학교유형	남학교	SAT 평균	1310점
종교	Catholic	ESL프로그램 지원	Y
허용학년	9~12	교사:학생비율	1:8
지원기한	Jan. 7	외국인비율	13%
학생수	499명	보딩비율	23%
학비	$62,090	유니폼	N

과외활동 | ACTIVITY

Sports	Baseball, Basketball, Cross Country, Fencing, Football, Golf, Hockey, Lacrosse, Rugby, Soccer, Swimming, Tennis, Indoor Track, Outdoor Track, Swimming and Diving
Extra	Affinity Groups: Black Student Association, GP Unidos, Mandarin Club, Caribbean and African Student Association Club or Organization: Arrupe Society, Best Buddies, Biology Club, Black Student Association, Board Game Club, Book Club, Business Club, Chemistry Team, Chess Club, Classics Club, Coding Club, Computer Science Club, Cooking Club, Current Events, Cyber Security Club, DC Sports Club, Diplomacy Society, Drum Line, Engineering Design & Prototyping Club, Environmental Club, Families4Families, Fencing

Team, Film & Editing Club, Financial Analysis Club, Fishing Club, French Club, German Club, GP Unidos, Hippocratic Society (Science and Medical), International Relations Club/OAS, Intramurals, Irish American Heritage Club, Jazz Band, Keyboard Club, Korean Club, Literary Magazine, Little Hoya Newspaper, Mandarin Club, MarComm Club, Math League, Mock Investment Club, Multiverse Club, Music Appreciation Club, National Honor Society, Oasis/Recording Studio Photography Club, Ping Pong Club, Poker Club, Pottery Club, Prep Players, Quiz Bowl, SADD, Ski and Snowboard Club, South Asian Student Association Spanish Club, Spectrum Alliance Group Speech and Debate Club, Stock Market Club, Student Government, String Ensemble, Trap & Field Team, Wounded Warriors Club, Yearbook, Trap & Field Team, Wounded Warriors Club, Yearbook

스쿨 피드백 | SCHOOL FEEDBACK

메릴랜드에 위치한 Georgetown Preparatory School은 남학교로 워싱턴 D.C.에서 30분 거리에 있다. 미국 내에서 유일한 Jesuit(카톨릭 예수회) 학교이며 가장 오래된 Catholic College Preparatory 기숙학교다. 지난 220년 동안 Georgetown Preparatory School은 타인을 배려할 줄 아는 인성을 갖춘 학생이 되도록 교육하고 있다. 학생들이 능력, 배려, 용기, 열정을 간직한 남성으로 자라날 수 있도록 하고 있으며, 학교에서 제공하는 다양한 교외 활동, 사회봉사 등은 학교의 우수성을 증명한다. Georgetown Preparatory School은 학생, 교수진, 교직원, 학부모 그리고 동문들이 함께 이끌어 가는 활기차고 따뜻한 커뮤니타다. 특히 높은 수준의 수업을 제공하므로 많은 졸업생들이 명문 대학으로 진학하고 있으며 매우 다양한 스포츠 팀이 학교의 자랑이다. 전체 학생 490명 중 23%만 기숙을 하고 있으며 2개의 기숙사를 운영 중이다.

조지타운대학과 연계 수업을 갖춘 조지타운 대학 Feeder School(예비 학교)로 유명하다. 미국에서 가장 오래된 가톨릭 남자 사립학교이며 학생들은 학교 종교 수련회에 참가해야 하므로 종교에 예민한 학생들은 참고해야 한다. 학기말 성적이 70점 이하가 나온 과목은 여름방학 중에 재수강을 해야 하고, 졸업을 위해 4년 동안 봉사 시간 최소 100시간을 채워야 한다.

Theology I~IV, 총 4 Credit의 Theology(신학) 수강이 필수이며 9학년 이후 입학하는 학생은 학년에 맞는 과목이 배정된다.

아르헨티나, 스페인, 독일, 한국, 이탈리아 등 다양한 국가로 교환학생 프로그램에 참여할 수 있다. Jesuit 교육의 핵심인 봉사에 중점을 둔 학교로서 학기 중이나 혹은 여름방학 중 다른 주나 국가에서 진행되는 다양한 봉사활동 참여 기회를 제공한다.

Groton School(그로튼 스쿨)

국가	미국	지역	Massachusetts
전화번호	+ 1 978 448 3363	Email	admission@groton.org

학교소개 | INTRODUCTION

설립연도	1884년	IB	0개
학교타입	명문 보딩스쿨	AP프로그램 수	57개
학교유형	남녀공학	SAT 평균	1420점
종교	Episcopal	ESL프로그램 지원	N
허용학년	8~12	교사:학생비율	1:4
지원기한	Jan. 15	외국인비율	9%
학생수	380명	보딩비율	86%
학비	$59,995	유니폼	N

과외활동 | ACTIVITY

Sports	Baseball, Basketball, Crew, Cross Country, Dance, Field Hockey, Football, Ice Hockey, Lacrosse, Soccer, Squash, Swimming, Tennis, Track, Track and Field, Volleyball
Extra	Active Minds, Alliance for Student Harmony, Amnesty International Club, Art Club, Asian Culture Group, Business & Management Club, Chess Club, Circle Voice Student Newspaper, Classics Club, Color Guard, Computer Science Club, Cultural Alliance, Debating Society, Economics Club, Film Club, French Club, Gender Sexuality Alliance, Gospel Choir, Groton Feminists, Groton Undiscovered Art Collective(GUAC), GCS(Groton Community Service Organization), Grotonian(Literary Paper), Hillel, Hispanic Latino Forum, Horizon(historical review), History Club, Humanism, International Community Advising Program, Investment Club, Islamic Society, Japanese Club, Jiu-Jitsu Club, Knitting Club, Lilith(girls singing group), Math Club, Model UN/Congress, Philosophy Club, Playwriting Club, Programming Club, Scudder's(School Snack Bar), Shalom, Social Services Club, Spirit Committee, South Asian Affinity Group, Spanish Club, Supper Club, Student Activities Committee, Sustainability Committee, Tea Club, Ukelele Club, Yearbook, Yoga Club, Young Democrats, Young Republicans

스쿨 피드백 | SCHOOL FEEDBACK

Groton에서는 다양한 방법으로 학생들의 잠재 능력을 끌어내는 것으로 유명하며 그중에 하나가 비판적인 사고 접근으로 문제 해결 방법을 이끌어 내는 것이다. 이때 항상 사용하는 것이 장소와 시간에 구애받지 않게 혁신적인 미디어와 기술을 이용하여 의사소통 하도록 한다. 학교에서 배운 기술들을 사용하여 진정한 리더가 되도록 하는 한편 독선적이지 않으면서 협동심과 긍정적이고 열린 사고를 통한 창의력을 소중히 한다. 이런 것이 가능하게 된 것은 130년 전통의 리더십 프로그램 내용이 뒷받침해 가능한 것이다.

Groton은 여타의 보딩스쿨과 다르게 새로운 시도를 하고 있는데 그것은 바로 GRAIN(Groton Affordability and Inclusion)이다. Groton같이 훌륭한 학교에 학업의 꿈을 품고 있는 많은 학생들에게 조금 더 기회의 문턱을 낮춰 주는 것이다. GRAIN 정책으로 지원 학생들의 배경, 재정적인 상태와 상관없이 보다 많은 학생들이 본 학교에서 누릴 수 있는 기회, 특권을 경험할 수 있도록 상당 기간 학비를 동결하고 있다.

Top 10 보딩스쿨 중 유일하게 8학년부터 기숙 프로그램을 제공하는 학교로 신세계 정용진 부회장의 두 자녀가 입학한 학교로 알려져 있다. 하버드대학과 프린스턴대학을 가장 많이 보내는 학교이며, 루즈벨트 대통령 등 수많은 정치가 및 법조인을 배출한 학교로 유명하다. 단, 아시아계 학생들이 들어가기에 가장 어려운 학교로도 알려져 있는 명문 보딩스쿨이다. 매년 Harvard를 가장 많이 입학시키는 학교 중 하나로 Harvard Feeder School(예비 학교)로도 유명하다.

Indian Springs School(인디언 스프링스 스쿨)

국가	미국	지역	Alabama
전화번호	+ 1 205 988 3350	Email	admission@indiansprings.org

학교소개 | INTRODUCTION

설립연도	1952년	IB	0개
학교타입	명문 보딩스쿨	AP프로그램 수	18개
학교유형	남녀공학	SAT 평균	1432점
종교	Nonsectarian	ESL프로그램 지원	N
허용학년	8~12	교사:학생비율	1:8
지원기한	Jan.31	외국인비율	Info N/A
학생수	325명	보딩비율	Info N/A
학비	$65,800	유니폼	N

과외활동 | ACTIVITY

Sports	Cross Country, Swimming, Volleyball, Basketball, Bowling, Baseball, Golf, Soccer, Softball, Tennis, Indoor/Outdoor Track & Field, wrestling
Extra	Amnesty International, Art Club, Asian Culture Club, Black Student Caucus, Bridge Club, Chess Club, Chinese Martial Arts Club, Christianity Club, Culinary Research Club, Eco Club, F.I.G.H.T. Club, Friendship Bracelets Club, Gender Equality Club, Habitat for Humanity Club, Humanities Club, Interfaith Club, Jazz Club, Jew Crew, Junior States of America, Key Club, Knitting Club, Listening to Music Club, Math Club, Mental Health Awareness Club, Mock Trial Club, Model United Nations Club, Outdoors Club, Psychology Club, Records and Roasts, Robotics, Scholars Bowl, Science Olympiad, Songwriting, Spanish, Spring Sitters, Swan Con, Ultimate Frisbee, Video Game, Writing, Yearbook , Yoga, Young Democrats, Young Libertarians

스쿨 피드백 | SCHOOL FEEDBACK

앨라배마주 유일한 명문 보딩스쿨로 캠퍼스는 숲에 둘러싸여 있으며 호수, 하이킹 코스, 캠핑 장소가 있는 Oak산 주립공원과 가까운 곳에 위치하고 있어 자연의 서정적인 정취를 느끼기에 좋은 학교이다. 8학년부터 보딩 생활을 할 수 있어 사전 적응 기간을 가질 수 있는 것이 특징이다. 애틀랜타에서 차로 두 시간 반 정도 거리에 위치하고 있어 도시와 접근성은 떨어지는 학교이지만 37개의 STEM 과목과 우수한 학업성취도로 많은 학생들이 명문대로 입학하는 앨라배마주 최고의 사립학교이다. 또한 학교 정원에서 30가지가 넘는 유기농 과일과 채소를 직접 기르는 경험도 할 수 있다.

각 주마다 신입생을 일정 비율로 배정하는 미국 대학들의 입학 사정을 전략적으로 이용해 명문대 입학을 목표로 앨라배마 최고 명문인 Indian Springs School에 입학하려는 학생들도 꽤 많다.

Kent School(켄트 스쿨)

국가	미국	지역	Connecticut
전화번호	+ 1 860 927 6111	Email	admissions@kent-school.edu

학교소개 | INTRODUCTION

설립연도	1906년	IB	0개
학교타입	명문 보딩스쿨	AP프로그램 수	26개
학교유형	남녀공학	SAT 평균	1312점
종교	Episcopal	ESL프로그램 지원	Y
허용학년	9~12, PG	교사:학생비율	1:5
지원기한	Jan. 15/rolling	외국인비율	N/A
학생수	520명	보딩비율	93%
학비	$73,450	유니폼	N

과외활동 | ACTIVITY

Sports	Baseball, Basketball, Crew, Cross Country, Diving, Equestrian, Field Hockey, Football, Golf, Ice Hockey, Lacrosse, Mountain Biking, Soccer, Softball, Squash, Swimming, Tennis, Volleyball
Extra	Peer Mentoring Club or Organization: Amnesty International Club, Animal Rights Club, Anti-Bullying Club, Asian/Chinese Club, Biking Club, Bit N Spur Riding Club, Buddhist Club, Chess Club, Coding Club, Dance Committee, Debate Club, Diversity Club, Earth Advocates, Entrepreneurship & Finance Club, Environment Club, Exclusive Service Club, Fellowship of Christians at Universities and Schools(FOCUS), Female Engineers, French Club, Girls Advocacy, Go Club, Habitat for Humanity, Hillel Society, Improv Club, International Club, Investment Club, Kent Daily Update(-Student online news, info, contests), Model UN, Outdoors Club, Panache(Modern Dance Troupe), Peer Counselors, Philosophy Club, Photo Club, Playwriting Club, REACH - Remember Every Action Can Help, Service League, Single-Track Club, Social Justice Club, Steel Drum Band, Students of Color Alliance, Theater Club(travels to see plays and musicals), Yearbook Committee Arts and Music Programs: Art Club, Bell Ringing Guild, Chapel, Concert Club, Dance Club, Hip Hop Club, Jazz Club, Kent Music Honor Society, Kent News - Student Newspaper, Kentettes - a cappella group, Orchestra, THE CAULDRON - literary magazine, World View Committee Recreational Athletic Programs: Badminton Club, Club Soccer, Club Squash, Club Tennis, Debating, Fitness Club, Ping Pong Club, Stock Market Simulation Club, Yoga

스쿨 피드백 | SCHOOL FEEDBACK

코네티컷주에 위치한 Kent School은 뉴욕에서 2시간 거리에 있다. 전교생 중 93%가 기숙사에서 생활을 하고 있으며, 미국 현지 학생들과 37개 국가에서 온 국제 학생들이 언어와 문화를 공유하고 융화될 수 있는 기회가 제공된다. Kent의 교과 과정은 엄격하며 평범한 고등학교에서는 다루지 않는 수업들로 흥미롭게 채워져 있다. 각본, 중국어, 유전학, 생명공학, 국제관계, 현대 중동문제 등 다양한 학과목과 이공계 STEM 분야에도 깊이 있는 교육을 시키고 있다. 반면 인성과 리더십 등에 초점을 맞춘 전인교육을 통해 균형 잡힌 교육을 제공하고 있다.

JFK 뉴욕 공항과의 거리는 1시간 30분 거리에 있다. 특징으로는 강을 끼고 있어 학교 스포츠 조정 (Crew)팀은 미국 내 최강팀이며 이곳에서 Varsity(대표팀)를 할 경우 명문 대학의 입학에 매우 유리하다고 한다. Top 10 보딩스쿨을 지원하는 학생들의 경우 켄트 스쿨을 비교적 안정권으로 생각하고 지원 리스트에 포함시키지만 이는 과소평가된 부분이 있다는 게 중론이다.

Lake Forest Academy(레이크 포레스트 아카데미)

국가	미국	지역	Illinois
전화번호	+ 1 847 615 3267	Email	admissions@lfanet.org

학교소개 | INTRODUCTION

설립연도	1857년	IB	0개
학교타입	명문 보딩스쿨	AP프로그램 수	23개
학교유형	남녀공학	SAT 평균	1400점
종교	Non-Denominational	ESL프로그램 지원	Y
허용학년	9~12, PG	교사:학생비율	1:6
지원기한	Jan.15/rolling	외국인비율	25%
학생수	435명	보딩비율	50%
학비	$69,575	유니폼	N

과외활동 | ACTIVITY

Sports	Badminton, Baseball, Basketball, Cheering, Cross Country, Cross Country Running, Cycling, Field Hockey, Football, Golf, Ice Hockey, Lacrosse, Sailing, Soccer, Softball, Squash, Swimming, Tennis, Track, Track and Field, Volleyball
Extra	Asian Culture Union, Black Student Union, Christian Fellowship for Caxys, Cultural Diversity Club, European Student Union, Gay Straight Alliance, Harlow Society, Indian Club, International Cuisine Club, Jewish Student Union, Muslim Student Association, Unidos, African American Heritage Choir, Honors Choir, Horticulture, Library Club(TALK), Mah Jong Club, Mock Trial Club, Newspaper, Politics & Debate Club, Sailing, Salsa, Sculpture, Spring Musical, Student/Faculty Rock Band, The Madrigals(Choir), Theatre Production, Traditional Photography, Unidos, Vocal Jazz Ensemble, Yearbook, Book Nook Club, Clearlakes Chorale, Friends of Rachel, History of Film Club, Literary Magazine(Lit Mag), Model-Building, Musical Theatre, Photography Club, Pops Orchestra, Private Tuition, Radio Controlled Vehicles(RC) Club, Recreational Badminton, Ski Club, Visual Arts Foundation, Visual Arts Portfolio, School Magazine, Web Journalism, Yoga

스쿨 피드백 | SCHOOL FEEDBACK

시카고 부촌 Lake Forest에 위치한 Lake Forest Academy는 오랜 전통을 가진 학교이다. 1857년 설립 당시 학교는 남학교였으나, 1869년 Ferry Hall 여학교가 설립되면서 남녀공학이 되었다. 소규모 학급, 활동적이고 다양한 경험을 제공하기 위해 150 acres 캠퍼스에 30개가 넘는 건물과 다양한 스포츠 시설들이 있으며 70%가 넘는 교사들이 학교에 거주하고 있다. 전체 435명의 학생 중 50%만 기숙사 생활을 하고 총 5개의 기숙사를 운영 중이다. 시카고 지역 최고 명문 사립학교로 유명하며 많은 학생들이 명문대로 진학하고 있어 한국 학생들에게 인기가 많다.

대부분의 보딩스쿨이 북동부에 몰려 있는 것에 비해 시카고에서 50km 정도 떨어진 Lake Forest 도시에 위치하고 있어 시카고 한인 교포들에게 잘 알려져 있는 학교다. 국제 학생들에게 ESL을 제공하는 몇 안 되는 학교 중 하나로 높은 TOEFL 점수가 없이도 입학이 가능할 때가 있다. 또한 스포츠 프로그램이 강해서 NHL, NBA, NFL 등 많은 스포츠 팀에 소속된 선수들을 배출해 냈다.

미국 명문 보딩스쿨 합격 전략

Mercersburg Academy(머서스버그 아카데미)

국가	미국	지역	Pennsylvania
전화번호	+ 1 717 328 6173	Email	admission@mercersburg.edu

학교소개 | INTRODUCTION

설립연도	1893년	IB	0개
학교타입	명문 보딩스쿨	AP프로그램 수	Info N/A
학교유형	남녀공학	SAT 평균	1380점
종교	Non-Denominational	ESL프로그램 지원	N
허용학년	9~12, PG	교사:학생비율	1:4
지원기한	Jan. 15	외국인비율	22%
학생수	446명	보딩비율	83%
학비	$72,925	유니폼	N

과외활동 | ACTIVITY

Sports	Baseball, Basketball, Cross Country, Cross Country Running, Field Hockey, Football, Golf, Lacrosse, Mountain Biking, Rock Climbing, Soccer, Softball, Squash, Swimming, Tennis, Track and Field, Volleyball, Winter Track, Wrestling
Extra	Magalia(Women's a cappella group), Octet(Men's a cappella group), Second Story Wheat(Student Forum) Club or Organization: AASU(African American Student Union), Badminton Club, Car Club, Caribbean Club, Computer Club, Cooking, Curling Club, Disc Golf, Dynamic Youth Mentors, Fencing, Foreign Language Club, FROSTE(Facts, Reason, Objectivity, Skepticism, Thinking, Evidence), Future Business Leaders of America, Geek Alliance, German Club, Grass Roots(newspaper), Green Team, Grilling Society, GROW(Greater Respect of Women), Ham Radio Club, Honor Guides, International Club, Irving Literary Society, Jewish Student Organization, Karux(Yearbook), Key Club, Latin Club, Marshall Literary Society, Math Club, Mercersburg News(Newspaper), Model Railroad Club, Model United Nations, MOE Endeavor(Mercersburg Outdoor Education), Muslim Students' Association, Photography Club, Republican Club, Rock Climbing Club, SADD, SALT(Christian Fellowship), Spanish Club, Stony Batter(Dramatic Club), Student Activities Committee, Student Council, Theater Boot Camp, Thought Club, Tustsitala(student newspaper), Vailima, Writing Center Consultant, Yoga Club Arts and Music Programs: Conservation, Counterpoint, Jazz Club, String Ensemble Recreational Athletic Programs: Ski Club, Ultimate Frisbee

스쿨 피드백 | SCHOOL FEEDBACK

Mercersburg Academy는 전교생 중 85% 학생이 기숙하며 학생들은 엄격하고 역동적인 교과과정을 추구하며 서로 코웍하는 분위기에서 조화롭게 생활하는 법을 배운다. 재능 있는 교사들은 학생들에게 노동의 가치를 가르치고 인격 형성과 지역사회의 중요성을 일깨워 준다. 또한 학생들이 신중하고 창조적으로 살도록, 도덕적으로 행동하고 봉사하며 인간을 소중히 여기도록 가르치고 있다. 40여 가지가 넘는 AP 수업이 마련되어 있으며, 토론식 수업을 통해 선생님과 보다 친밀한 관계를 쌓을 수 있다.

John Mcfadden Model Railroad Museum 캠퍼스 내에 모형 기차들을 전시하고 있는 박물관이 있으며 캠퍼스가 크고 아름답기로 유명한 학교로 워싱턴 D.C.에서 2시간 반 남짓 걸린다. 과학 프로그램이 잘되어 있고 학교에 기부금이 많아 학생들에게 투자를 많이 하는 학교다.

Middlesex School(미들섹스 스쿨)

국가	미국	지역	Massachusetts
전화번호	+ 1 978 369 2550	Email	admissions@mxschool.edu

학교소개 | INTRODUCTION

설립연도	1901년	IB	0개
학교타입	명문 보딩스쿨	AP프로그램 수	23개
학교유형	남녀공학	SAT 평균	1380점
종교	Non-Denominational	ESL프로그램 지원	N
허용학년	9~12	교사:학생비율	1:4
지원기한	Jan. 31	외국인비율	12%
학생수	407명	보딩비율	72%
학비	$72,050	유니폼	N

과외활동 | ACTIVITY

Sports	Alpine Skiing, Baseball, Basketball, Crew, Cross Country, Dance, Field Hockey, Football, Golf, Ice Hockey, Lacrosse, Soccer, Nordic Skiing, Squash, Tennis, Track and Field, Volleyball, Wrestling
Extra	Best Buddies, Community Service Club, Math Team, Middlesex Yearbook, Outing Club, Pagan/Wiccan Alliance, Peer Support, Spectrum(Multi-cultural Organization), Student Activities Committee, Student Admissions Committee, Student Government, The Asian Society, The Black Awareness Club Club or Organization: Asian Society, Anime Club, Astronomy Club, Bonsai Club, Chess Club, Chinese Club, Chobani Club, Circle of Women, Common Sense, Cooking Club, Debate Club, Divine Visions (Step team), Fancy Dress Friday, Finance Club, Fishing Club, French Club, Frisbee Club, Gay-Straight Alliance (GSA), Horror Movie Club, Improv Club, Indie Music Club, Investing In Girls (IIG), Iris, Literary Appreciation Society, Math Club, Middlesex Art Association (MAA), Mindfulness Club, MX Cares, MX Live, Model UN, Outdoor Club, Photo Club, Poetry Club, Politically Incorrect Debate Club (PIDC), Pottery Club, Programming Club, Public Speaking Club, Random Acts of Kindness (RAK), Reggae Music Club, Robotics Club, Slack Line Club, Society of Latinos (SOL), Songwriters Club, Spike Ball Club, TED Talks, The Anvil, Young Republicans, Zebrettes Arts and Music Programs: Jazz Orchestra, Chamber Ensemble, Steel Pan Ensemble, Small Chorus, MIXolydians, Bateman's Bullfrogs, SWAG, Chapel Chorus, Ishibashi Gallery

스쿨 피드백 | SCHOOL FEEDBACK

보스턴 시내에서 30분 거리 Concord에 위치한 Middlesex School은 100년 이상 된 역사와 학생들의 우수한 지성, 윤리성, 창의성 그리고 신체적 발달에 최선을 다하며 독립적이며 비종파주의를 지향하는 College Preparatory 기숙학교다. 국제 학생 비율은 12% 정도이며, 한국 학생은 별로 없는 편이다.

학교의 교사들과 직원들은 서로 신뢰하는 환경에서 학생들의 잠재력, 지식, 능력, 책임감 그리고 도덕적인 글로벌한 사회인으로 성장하도록 돕고 있으며 개인의 관심, 장점, 학생의 요구를 존중해 준다. 또한 각 학생들의 믿음과 경험의 다양성을 중시하는 분위기이다.

학교가 콘코드라는 부촌 지역에 위치하며 학교가 작은 탓에 졸업생 전원이 졸업 작품인 목판을 새겨 건물 내벽에 붙이는 전통을 가지고 있다. 입학처장이 필립스 앤도버 출신이며 매우 자상한 분이며 본인의 부친도 앤도버에서 영어 선생님으로 재직했던 분이라고 한다. Writing Workshop은 매우 뛰어난 영작 프로그램으로 인기 있으나 우수한 영어 실력이 안 되면 버티기 어렵다고 한다. 그렇기에 영어 실력에 자신 있는 학생이 아니면 입학하기 힘들 수 있다.

Milton Academy(밀튼 아카데미)

국가	미국	지역	Massachusetts
전화번호	+ 1 617 898 1798	Email	admission@milton.edu

학교소개 | INTRODUCTION

설립연도	1798년	IB	0개
학교타입	명문 보딩스쿨	AP프로그램 수	1, 기타 심화 코스 유
학교유형	남녀공학	SAT 평균	1414점
종교	Non-Denominational	ESL프로그램 지원	N
허용학년	9~12	교사:학생비율	1:5
지원기한	Jan. 15	외국인비율	19%
학생수	717명	보딩비율	50%
학비	$73,950	유니폼	N

Sports	Alpine Skiing, Baseball, Basketball, Cross Country, Dance, Diving, Field Hockey, Football, Golf, Ice Hockey, Kayaking, Lacrosse, Nordic Skiing, Rock Climbing, Sailing, Soccer, Softball, Squash, Swimming, Tennis, Track and Field, Ultimate Frisbee, Volleyball, Wrestling
Extra	Service Opportunities: Amnesty International, Community Engagement Board, Habitat for Humanity, Individual Student Support (advanced peer counseling), Lorax (environmental organization), Orange and Blue Key tour guide program, Peer Tutoring Public Issues Board (current events educators and programmers), Reach to Teach (raise awareness about education inequality), SECS (Students Educating the Community about Sex), Sustainability Board Leadership Opportunities: Self-Governing Association, Boarding Council, Day Council, Student Activities Association, Athletic Association Cultural Groups, Asian Society, Caribbean Students Association, Christian Fellowship, French Club, GASP! (Gender and Sexuality Perspectives), Jewish Student Union, Latino Association, Muslim Student Association, ONYX (African-American culture), Spanish Club, SAGE (Students Advocating for Gender Equity), SIMA (Students Interested in Middle Eastern Affairs), South Asian Society Clubs: Architecture Club, A/V (Audio/Visual) Club, Arts Board, Chess Club, Film Club, Fishing Club, Hip-Hop Club, Improv Club, Invest in Girls, Math Club, Model UN, Programming Club, Robotics Team, Science and Engineering Club, Speech and Debate Team, Step Club Student Publications: The Milton Paper (weekly newspaper), The Milton Measure (biweekly newspaper), The Milton Academy Yearbook, Magus/Mabus (literary magazine), Mille-Tonnes (French newspaper), La Voz (Spanish newspaper), Loose-leaf (Asian magazine), Helix (science magazine), Aché (celebrating diverse cultures), The F-Word (feminist magazine), Azaad (identity quarterly), Gaia, Slant (current events), The Arch (architecture)

스쿨 피드백 | SCHOOL FEEDBACK

보스턴에 위치해 지리적인 이점이 많은 Milton Academy에서는 학생들의 배움에 대한 열정과 타인에 대한 존중을 교육하고, 다양한 문화 수용 및 학업적 우수성을 추구한다. 특히 주어진 탐구 주제에 대해 끊임없이 분석하며 학우, 선생님들과 함께 협업을 배우는 것이 Milton Academy가 추구하는 이상적인 교육 이념이다.

Milton Academy에서는 교훈 "Dare to be Brave"에 따라 각 학생이 개인의 능력, 자신감, 그리고 인성을 개발할 수 있는 공동체를 만든다. 학습은 기존의 강의 진행보다는 토론으로 이루어지며, 46,000권의 볼륨을 자랑하는 Cox 도서관에서는 Academic Skill Center를 운영하여 도움이 필요한 학생들에게 개인 교사와 카운슬러를 지원한다. 학생들은 8개의 single-sex 기숙사에서 "형제자매"로 생활하며 조언해 주고 우애를 나누는 서로의 멘토 역할을 한다.

보스턴 도심에서 약 20분 거리로 매우 가깝다는 것이 특징이다. Milton Academy는 Off 캠퍼스 프로그램으로도 유명해서 중국, 이탈리아, 스페인, 프랑스 등에서 1년을 공부할 수 있는 Study Abroad Program 기회가 주어진다고 한다. Groton과 더불어 Harvard를 가장 많이 입학시키는 학교 중 하나로도 유명하다.

Miss Porter's School(미스 포터스 스쿨)

국가	미국	지역	Connecticut
전화번호	+ 1 860 409 3500	Email	admission@missporters.org

학교소개 | INTRODUCTION

설립연도	1843년	IB	0개
학교타입	명문 보딩스쿨	AP프로그램 수	0, 심화코스: 34
학교유형	여학교	SAT 평균	1320점
종교	Non-Denominational	ESL프로그램 지원	N
허용학년	9~12	교사:학생비율	1:6
지원기한	Jan. 15	외국인비율	16%
학생수	335명	보딩비율	65%
학비	$68,725	유니폼	N

과외활동 | ACTIVITY

Sports	Alpine Skiing, Badminton, Basketball, Crew, Cross Country, Dance Workshop, Equestrian, Field Hockey, Golf, Lacrosse, Soccer, Softball, Squash, Swimming, Tennis, Track and Field, Ultimate Frisbee, Volleyball
Extra	Acapella, Am I(Analyzing Media Intellectually, Internally & Internationally), Animal Rights, Animal Rights Club, Annie Ambassadors, Art Appreciation Club, Asian Club, Athletic Association, Christian Fellowship Club, Community Service(TASC), Concordia(community service club), Drama Tech(Technical Theatre), Flying Disc Club, Foosball Club, Haggis/Baggis(creative writing), Law Enforcement, Modern Dance, Navy Marine Club, Order of St. Michael, Peer Mediation, Tour Guides(admissions), Verities, Watu Wazuri(multicultural organization) Club or Organization: AIDS Awareness Club, Archive Club, Art Studio, Destination Imagination, Filmmaking, Fly Fishing, Gator Globe(International Student Newspaper), Guitar, Hunting Club, Jewish Student Union, Society for National and International Affairs, Spectrum, Surfing Club, Talisman Literary Magazine, UBUNTU(Africa Club), Volleyball, Warm Hands, Warm Hearts, Youth in Action Group Arts and Music Programs: Animation Club, Big/Little Siblings, Mathletes

스쿨 피드백 | SCHOOL FEEDBACK

코네티컷주에 위치한 Miss Porter's School은 뉴욕시에서 2시간 거리에 있다. 1843년부터 Miss Porter's School에서는 혁신과 전통을 결합하여 여학생들에게 우수한 교육을 제공하고 있다. 335명의 학생들을 위해 110개의 수업이 제공되며 그중 34개의 대학교 수준의 AIS 프로그램을 운영 중이다. 대학 대비 수업뿐만 아니라 변화하는 세계를 이끌 수 있도록 박식하고 윤리적인 글로벌 시민의식을 갖도록 교육한다.

저널리즘 협회에서 수상 기록이 있는 학생 신문 Salmagundy과 문학과 예술 작품을 다루는 Haggis Baggis 등 풍부한 출판 활동을 하며 Donaldson Gallery와 Gilbert Gallery에서는 매년 예술

가들의 작품 전시를 진행한다. 학생들의 관심사가 기존 교과과정에 포함되지 않았을 경우를 대비해 Independent Study Course를 학생이 개인 교사의 도움을 받아 직접 관심 분야에 대해 공부할 수 있도록 배려하고 있다.

보스턴에서 2시간, 뉴욕시에서 2시간 거리에 위치하고 있으며, CNN의 첫 한국계 여성 앵커 출신인 May Lee가 다녔던 학교이며 많은 미국 영부인과 영애가 다녔던 학교로도 유명하다.

Noble and Greenough School(노블 앤 그리너프 스쿨)

국가	미국	지역	Massachusetts
전화번호	+ 1 781 326 3700	Email	admission@nobles.edu

학교소개 | INTRODUCTION

설립연도	1866년	IB	0개
학교타입	명문 보딩스쿨	AP프로그램 수	13개
학교유형	남녀공학	SAT 평균	1440점
종교	Nonsectarian	ESL프로그램 지원	N
허용학년	7~12	교사:학생비율	1:5
지원기한	Jan. 15	외국인비율	Info N/A
학생수	614명	보딩비율	8%
학비	$66,100	유니폼	N

과외활동 | ACTIVITY

Sports	Alpine Skiing, Baseball, Basketball, Crew, Cross Country, Field Hockey, Football, Golf, Ice Hockey, Lacrosse, Sailing, Soccer, Softball, Squash, Tennis, Wrestling
Extra	Upper School Club: The Student Life Council(SLC), The Peer Help Program(PHP), Nobelium, a student-run science publication, Jewish Culture Club, Outing Club, and the Nobles Theatre Collective Middle School Club: Asian to Asian(A2A), Uniting Nobles Identities and Cultures(UNIC), Student Life Committee(SLC) Performing Arts: The Nobleonians(a male a cappella group), The Greensleeves(a female a cappella

group), Noteorious(a student-run, co-ed a cappella group), Imani(a co-ed group specializing in multicultural and world music), concert choir, jazz band, blues band, drum ensemble, Nobles orchestra, string ensemble, guitar ensemble, wind ensemble, chamber music

Publications:
The Nobleman, Calliope(arts), Nobellium(science), and Cogito(international affairs), Nobles magazine

The list of clubs available changes from year to year based on the interests and needs of students

스쿨 피드백 | SCHOOL FEEDBACK

1866년 George Washington Copp Noble에 의해 하버드대학 예비 학교로 보스턴 시내에 설립되었다. 주 5일 기숙학교인 Noble & Greenough는 총 4개의 기숙사에서 40여 명의 학생들만 교사들과 거주하고 대부분 학생들은 통학을 하고 있다. Noble & Greenough 멘토 관계를 통해 공동체 정신을 강조하는 학교이며 경험 및 지역사회 참여적 학습에 중점을 둔 학생들을 위한 엄격한 교육 프로그램(EXCEL-Experiential and community engaged learning)을 가지고 있다. 또한 미국 내에서 대학입시 결과가 가장 좋은 학교로 유명하며 스포츠 팀 또한 매우 강해 스포츠로 대학입시를 꿈꾸는 학생들이 매우 선호하는 학교이다.

미 동부에 거주하는 대부분의 학부모들이 자녀를 보내고 싶어할 정도로 인지도나 선호도면에서 매우 높으나 5 days 보딩스쿨로 보딩 비율(기숙 비율)이 현저히 낮은 편이다. 주 5일 기숙만 제공하기 때문에 학교 주변에 거주하지 않으면 입학이 불가능하다.

Northfield Mount Hermon School(노스필드 마운트 허먼 스쿨, NMH)

국가	미국	지역	Massachusetts
전화번호	+ 1 413 498 3000	Email	admission@nmhschool.org

학교소개 | INTRODUCTION

설립연도	1879년	IB	0개
학교타입	명문 보딩스쿨	AP프로그램 수	34개
학교유형	남녀공학	SAT 평균	1350
종교	Non-denominational	ESL프로그램 지원	Yes
허용학년	9~12, PG	교사 : 학생비율	1:6
지원기한	Jan. 15	외국인비율	25%
학생수	645명	보딩비율	85%
학비	$72,647	유니폼	N

과외활동 | ACTIVITY

Sports	Alpine Skiing, Baseball, Basketball, Crew, Cross Country, Diving, Field Hockey, Golf, Ice Hockey, Lacrosse, Nordic Skiing, Soccer, Softball, Swimming, Tennis, Track and Field, Ultimate Frisbee, Volleyball, Water Polo, Wrestling
Extra	AASA (Asian American Students Association), Amnesty International, Debate Club, Jewish Student Alliance, Mandala, Muslim Student Association, WNMH Radio Club or Organization: African Students Association, Breakaway(Christian fellowship), Chess Club, Chinese-Speaking Student Union, Circle of Sisters, Debate Society, End the Silence, Entrepreneurship Club, Found Threads(adoption focused club), Gender Sexuality Alliance, Girl Up, Hong Kong Student Assn., Hong Kong Student Association, Interfaith Student Council, Investment Club, Japanese Student Association, Jewish Student Alliance, Kazakh Student Association, Korean Student Assn., Mindfulness Meditation, Model United Nations, NMH Coding Club, Operation Happy Birthday, Orienteering, Russian-Speaking Student Association, SALSA Club, Science Club, South Asian Student Assn., Student Activities Committee, Student Alumni Association, Taiwanese Student Assn., The Bridge(newspaper), The Brothers, The F Word(feminist club), The Girl Effect(feminist club), The Hermonite(newspaper), The Moon catcher Project(social service), Vietnamese Student Assn., Young Republicans Arts and Music Programs: A Capella, Chamber Choir, Chorus, Theatre, Theatre Tech

스쿨 피드백 | SCHOOL FEEDBACK

Northfield Mount Hermon은 복음 전도사 Dwight Lyman Moody에 의해 초기에는 경제적 어려움으로 교육의 기회를 얻지 못하는 학생들을 위해 설립되었다. 보스턴에서 3시간 거리에 위치해 있으며 165개의 건물이 있을 정도로 방대한 캠퍼스를 보유하고 있다. 또한 22개의 기숙사를 운영 중이며 전체 650여 명의 학생 중 25%가 국제 학생이다. NMH만의 특이한 점은 학생들은 각 학기마다 세 개의 주요 과목을 들으며 더 많은 시간을 각 수업에 투자해 깊이 있게 이해하고 보다 의미 있는 토론을 한다. 이런 수업 방식은 학생들에게 대학의 수업 방식을 미리 경험하게 한다.

　NMH의 교육철학은 언어와 문화를 공부할 경우 그곳에 가서 직접 피부로 느끼며 공부하면 더욱 잘 습득된다는 것이다. 학생들에게는 브라질, 중국, 남아프리카 공화국, 인도, 터키, 우루과이, 뉴질랜드 등 학기 과정에 포함되어 있는 수업을 통해 또는 방학을 이용해 다녀올 수 있는 국제 프로그램이 제공되고 있다. 또 하나 NMH의 차별화된 프로그램은 Partnership 12이다. 교사, 운동 코치, 학장, 직업 & 진학상담사, 기숙사 감독관 등 학생이 성인으로 자라나는 데 필요한 12명의 Partner들이 지원을 아끼지 않는다. NMH는 강한 스포츠 팀으로도 유명하며 총 67개의 스포츠 활동을 제공하고 있다.

1879년 세워진 Northfield 여자고등학교와 1881년 Mount Hermon 남자고등학교가 1972년도에 합쳐진 남녀공학이며 한국에서 인기리에 종영된 〈SKY 캐슬〉의 법대 교수 딸이 다녔던 것으로 학교로도 알려졌다. 또한 학생들이 학교 내에서 본인만의 일을 부여받아 수업 이후에 일도 해야 하는 특징이 있는 학교이니 참고해야 한다. 또한 명문 보딩스쿨 중 국제 학생에게 ESL을 제공하고 있어 비슷한 수준의 학교들에 비해 TOEFL 점수가 미흡해도 입학이 가능한 경우가 있다.

Peddie School(페디 스쿨)

국가	미국	지역	New Jersey
전화번호	+ 1 609 944 7500	Email	admission@peddie.org

학교소개 | INTRODUCTION

설립연도	1864년	IB	0개
학교타입	명문 보딩스쿨	AP프로그램 수	17개
학교유형	남녀공학	SAT 평균	N/A
종교	Non-Denominational	ESL프로그램 지원	N
허용학년	9~12, PG	교사:학생비율	1:8
지원기한	Jan. 15	외국인비율	21%
학생수	530명	보딩비율	62%
학비	$72,800	유니폼	N

과외활동 | ACTIVITY

Sports	Baseball, Basketball, Crew, Cross Country, Field Hockey, Football, Golf, Lacrosse, Soccer, Softball, Swimming, Tennis, Track and Field, Winter Track, Wrestling
Extra	Accel Prep, Anime Club, Better Beginnings, Book Club, Bowling Club, Children's Educational Fund, Chinese Club, Current Events Club, Debate Club, Desi Culture Club, Digital Art Club, Dynasty, Engineering Club, Environmental Club, ESL Club, Food Science Club, Frisbee Club, Future Doctors of America, Garden Club, Gender-Sexuality Alliance(GSA), Math Competition Club, Mental Wellness Club, Multicultural Alliance(MCA), Music Club, Peddie Chess Club, Peddie Christian Fellowship, Peddie Feminism Club, Ping Pong Club, Poetry Out Loud, Pun Club, REALMS, Recreational Math Club, Red Cross Club, Science Weekly, Short Film Club, Sustainability Club, Young Entrepreneurs Club, Student Ambassadors, Amphion, Chinese Center, Matte Magazine, Mock Trial, Model United Nations, Peddie News, Poly Mag, Relay for Life, Robotics Marketing and Finance Team, Tour Guides, Yearbook, Writing Center

스쿨 피드백 | SCHOOL FEEDBACK

New Jersey에 위치한 Peddie School은 캠퍼스 내에 18홀 골프 코스가 있다. 150개의 교과과정이 개설되어 있으며, 34개의 AP와 Honors 수업을 제공하며 3학기(Trimesters) 제도로 가을, 겨울, 봄 학기로 수업이 진행한다. 수업은 주 6일 월요일부터 토요일까지 진행하며, 중국, 스페인, 이탈리아, 프랑스로 어학/문화 체험 연수를 다녀올 수 있는 4주 여행을 제공한다.

이공계열, 그리고 STEM, Robotics 수업이 잘 마련되어 있어 해당 분야의 진로를 생각하는 학생에게 좋은 학교이며 명문 대학 진학률 또한 높다.

뉴저지에 로렌스빌 다음으로 최상위 학교 그룹에 속하는 학교이며, 역대급 상위권 대학 진학률을 기록하고 있어 자부심이 매우 높은 학교로 정평이 나 있다. Blair와는 라이벌 학교로서 상대 학교에 악평 배너가 붙을 정도다. Lawrenceville과 더불어 Princeton feeder School(예비 학교)라 불릴 만큼 Princeton 대학 입학률이 매우 높다.

Phillips Academy Andover(필립스 아카데미 앤도버)

국가	미국	지역	Massachusetts
전화번호	+ 1 978 749 4050	Email	admissions@andover.edu

학교소개 | INTRODUCTION

설립연도	1778년	IB	0개
학교타입	명문 보딩스쿨	AP프로그램 수	0개
학교유형	남녀공학	SAT 평균	1446점
종교	Non-Denominational	ESL프로그램 지원	N
허용학년	9~12, PG	교사:학생비율	1:5
지원기한	Feb.1	외국인비율	12%
학생수	1146명	보딩비율	75%
학비	$69,600	유니폼	N

과외활동 | ACTIVITY

Sports	Ballet, Baseball, Basketball, Crew, Cross Country, Cycling, Dance, Diving, Fencing, Field Hockey, Football, Golf, Ice Hockey, Lacrosse, Nordic Skiing, Soccer, Softball, Squash, Swimming, Tennis, Track and Field, Ultimate Frisbee, Volleyball, Water Polo, Winter Track, Wrestling
Extra	3D Printing Club, Academy Manor Nursing Home volunteers, Active Minds Andover, Activism, AdoptaPlatoon, Afro-Latino-American Society (Af-Lat-Am), Alianza (Latino Student Alliance), Amnesty International Club, and Mentoring (DREAM), Andover Ambassadors, Andover Japanese Connection, App Development, ARC Buddies, Archaeology and History Club, Asian Society, Astronomy Club, Babel Foreign Language Magazine, Backtracks Magazine, Baking Club, Bancroft Elementary Teachers Aides, Big Idea Club, Birding Club, Blue Key Society, Boss Magazine, Bread & Roses community kitchen volunteers, Bread Loaf Pen Pel Program, Bread Loaf Writing Workshop, Calliope (female a capella), Campuses against Cancer, Catholic Student Fellowship, Chess Club, Chinese Language & Culture Club, Chinese Taiwanese Student Association, Christian Fellowship Club, Classical Physics Club, Classics Club, Clutch Collaborative, Community Awareness For Everyone (CAFE), Computer Science Club, Constructed Languages Club, Courant Art & Literary Magazine, Culinary Appreciation Club, Culture Politics & Religion (CPR), Cyber Security and Forensics Club, Dear Sam Wellness Club, Deerfield Dance Club, Deerfield Scroll -- Student Newspaper, Disability Rights, Diversity Task Force, Documentary Society, Drug Alcohol Awareness Committee, EAT Club, Eco-Action, Education, Elements, Entrepreneurship Club, Environmental Action Group, Fashion Design Club, Figure Skating Club, Film Makers Society, Finance & Politics of Sports, Finance Club, Fitness, French Club, Frontline Political Magazine, Games Club, Gender and Sexuality Alliance (GSA), German Club, Girls Global Health, GirlUp Andover!, Global Health Initiative, Global Nomads, Grill Club, Hindu Student Union, Indo-Pak, International Club, International Review online publication, Japanese Animation Club, Jewish Student Union, Junto, Justice NOW, Model UN, Modern Engineering Forum, Motorsports Club, Moviemakers Club, Muslim Student Union, Non sibi Society, Nuestros Pequenos Hermanos (Friends of the

Orphans), Out of the Blue, Over the Hills and Farther Away, OXFAM, PA Democrats, PA Liberal Action, PA Republican Society, Philomathean, Philosophy, Photography Club, Physical Health Information Team, Physics Club, Political Union, Pot Pourri Yearbook, Project V.O.I.C.E. (ESL), Psychology Club, Quiz Bowl, Real World Challenge aeronautics, Red Cross, Robotics Club, Science & Technology Club, Science and Medicine Journal Club, Science Club, Science Club for Girls, Se Puede After-School Tutoring Program, SIS Female Empowerment program, Sketchy comedy writing club, South East Asian Club, Spanish, Speech Club, Sports Forum, Sports Medicine Club, Student Activities Board, Student Anti-Genocide Coalition, Students in Medicine, Techmasters, The Childrens Place volunteers, The Fellowship (FOCUS), UNICEF Club, VOICE-Foreign Language Magazine, Women's Forum, Word slam poetry club, WPAA Radio, Youth Development Organization volunteers

Arts and Music Programs:
Andover Art Society, Andover-Lawrence String Program, Architecture Club, Art Exchange, Art for Expression, Art Music Society, Azure, blue.print, Classical Music Forum, DJ Factory-Electronic Music Production, DramaLabs, Drum Line, Footnotes tap dance group, Frisbee Club, Gospel, Handbell Choir, Hypnotiq, Music MDs, Unaccompanied Minors, Under the Bed, Yorkies

Recreational Athletic Programs:
Ballroom Dance Society, Blue Strut, Cluster Ultimate Frisbee, Coed Crew, Cross Country, Dance Instruction, Disc Golf, Double Dutch, Fencing Club, FIT(Fundamentals in Training), Hip Hop Club, Instructional Swim, Intramural Hockey, Intramural Sports, Outdoor Pursuits, Paddle Tennis Club, Pilates, Ping Pong Club, Skating, SLAM cheer team, Spinning, Sports and Games Club, Squash instruction, Tennis Instruction, Volleyball Instruction, Yoga

스쿨 피드백 | SCHOOL FEEDBACK

Phillips Academy는 Andover로 유명한 학교이며 1778년 설립하여 약 1,100여 명의 남녀 학생들이 재학 중이다. 엄격한 교육 프로그램으로 알려져 있으며 학생들은 다양한 활동과 운동 참여가 필수이며, 학생들의 잠재력을 일깨워 주는 학교로 정평이 나 있다. 유명한 동문으로는 미국 대통령 부자인 George Bush와 George W. Bush가 있다.

500 acres에 이르는 방대한 캠퍼스를 갖추고 있는 Andover는 뛰어난 교육 시스템을 비롯하여 학생들이 미래가 촉망받는 인재로 성장할 수 있도록 이상적인 교육 환경을 갖추고 있다. Andover 설립 초기에는 학생들을 Yale 대학에 진학하는 데에 큰 중점을 두기도 했지만, 현재는 Yale뿐만 아니라 여러 명문 아이비리그 대학 진학에도 명성을 이어 가고 있다.

교사진의 가르침 못지 않게, 커뮤니티 일원으로 배움 역시 중요하게 여기는 Andover에서는 Cluster라는 개념을 내세운다. 800여 명 이상으로 구성된 기숙사 커뮤니티를 통해 학생들은 사회인으로서 배워야 할 중요한 가치관에 대해 인지하고, 보다 책임감 있는 일원으로 성장하는 법을 배운다.

앤도버는 전 세계 학생들의 선망의 대상이고, 가고 싶은 학교 1위를 차지하는 명문 보딩스쿨이다. 라이벌 학교인 필립스 엑시터에 비해 다소 문과적이고 학교에 대한 느낌이 따뜻해서 매년 학생들 선호도 1위인 학교로 가장 많은 지원서를 받는 학교이다. SSAT/TOEFL과 같은 공인 점수가 완벽해도 입학이 쉽지 않아 특별한 특기가 있는 학생이 아니면 입학이 어렵다.

Phillips Exeter Academy(필립스 엑시터 아카데미)

국가	미국		지역	New Hampshire
전화번호	+ 1 603 777 3437		Email	admit@exeter.edu

학교소개 | INTRODUCTION

설립연도	1781년		IB	0개
학교타입	명문 보딩스쿨		AP프로그램 수	0개
학교유형	남녀공학		SAT 평균	1450점
종교	Non-Denominational		ESL프로그램 지원	N
허용학년	9~12, PG		교사:학생비율	1:5
지원기한	Jan. 15		외국인비율	48%
학생수	1080명		보딩비율	80%
학비	$64,789		유니폼	N

미국 명문 보딩스쿨 합격 전략

과외활동 | ACTIVITY

Sports	Ballet, Baseball, Basketball, Crew, Cross-Country, Cross-Country Running, Cycling, Dance, Diving, Fencing, Field Hockey, Football, Golf, Ice Hockey, Lacrosse, Soccer, Softball, Squash, Swimming, Swimming and Diving, Tennis, Track, Track and Field, Ultimate Frisbee, Volleyball, Water Polo, Winter Track, Wrestling
Extra	Academy Review, ADAAC, Adult Education, Afro-Latino Exonian Society, After-School Tutoring, Afterburners Club(rocketry), AIR(Andover International Review), Amateur Radio Club(W1SW), Amnesty International Club, Andover Ambassadors Club, Andover Cycling, Andover Latin Society, Andover Republican Club, Andover Review, Andover-Japanese Connection, Angels, Animal Rights - PETA, Animation Club, Anthropology Club, Archery Club, Asia Connection, Asian Pages, Asian Society, Asian Students Association, Astronomy, Attitude, Azure A Cappella, Backtracks, BBQ Club, Blue Key Society, Boy Scouts of America/Cub Scouts of America, Brantwood Camp, Broadside, Building With Books, Business Club, Catholic, Catholic Student Fellowship, Chess Club, Chinese Student Association, Chinese Students Association, Christian Fellowship Club, Christian Students - God Squad, CompSci, Cum Laude, Dance Club, Debate Club, Dialogue Society, Diplomacy and Strategy, Diversity Club, Dramatics, Earth Friends, F.O.C.U.S., Film Society, German Club, Get Rid of Homophobia, Gospel Choir, Green Team - Environmental, Hand bell Choir, Hellenic Society, Hindu Student Union, In The Beginning, Indo-Pak Society, Instrumental Music Conservatory, Inter-Faith Student Group, International Club, International Events, Italian Club, Jewish Student Coalition, Jewish Students - Jew Crew, Juggling Club, Korean Student Association, Latin American Society, Lifeguarding, Lingua Franca, Lutheran Social Services Programs, Marlborough Boys & Girls Club, Math Team, Micro-Lending Program(Community Service), Motion Picture Club, Muslim Club, Peer Discussion Leaders, Pizza & Politics, Pockumtuck - Yearbook, Recreational Basketball, Recreational Snowboarding, Recreational Soccer, Recreational Squash, Rifle Club, Scuba Exeter, Soccer, SPAM - Student Activities, Special Exercise, SSC Exeter(Shredders, Songwriters, and Composers), START, Step Team, Student Council, Student Foreign Language Journal, The Lion - Yearbook, Tour Guides, Yearbook

Club or Organization:

Af-Lat-Am, Andover Korean Society, Anthropology Club, Astronomy Club, Branch-Soule Debate Society, Bridge Club, Carolina Club, Chapel Council, Co-osa Junior Golf Academy, Culinary Club, Current Events Club, Daniel Webster Debate Society, Democrats Club, Eco-Action Group, Environmental Conservation Society, Frontline, In The Mix, Literary Magazine, Model United Nations, Mountaineering Club, Music Appreciation Club, Peer Tutors, Radio Station, Technology Proctors, Theater - school play, Varsity Writing

Arts and Music Programs:

Chamber, Concert Club, Fencing Club, La Voz Latina, Lessons Academy, Peer Counselors, Recreational Tennis, Student Disciplinary Committee, Student Government - Monitors, The St. Marker - Newspaper

Recreational Athletic Programs:

American Red Cross Lifeguarding, Aquatics, Club Basketball, Club Fencing, Club Golf, Club Hockey, Club Running, Club Soccer, Club Squash, Club Tennis, Club Volleyball, Dance Club, Darlington Diamonds(dance team), Gay/Straight Alliance, Outdoor Challenge, Recreational Skiing, The Vindex - Magazine

스쿨 피드백 | SCHOOL FEEDBACK

Phillips Exeter Academy는 18세기 New England의 매력을 그대로 보유하고 있다. Exeter는 같은 Phillips 가문이 설립한 Andover와 라이벌 구도를 이루고 있으며, 이 두 학교는 미국 명문 보딩을 언급할 때 절대로 빠지지 않는 Top 보딩스쿨이다. Exeter는 입학 경쟁이 치열한 학교로도 유명하며 그 외 여러 방면으로도 잘 알려져 있다. 특히 학교에서 내세우는 Harkness Method를 통해 수많은 학생들을 일반적인 교실 수업 방식에서 벗어나 학생들과 교사가 테이블에 다 함께 둘러앉아 토론을 하며 서로의 생각을 주고받을 수 있는 환경을 마련해 미국식 토론 교육의 틀을 만들었다.

Special program으로 봄과 가을 학기를 친밀한 숲속 농장 환경인 The Mountain School of Milton 에서 보낼 수 있는 'The Mountain School'과 자격을 갖춘 12학년에게만 주어지는 미 상원의원의 사무실 직무 경험인 'Washington Intern Program'을 제공하고 있다. 유명한 동문으로는 Facebook의 창시자 Mark Zuckerburg와 소설가 Dan Brown이 있다.

명실상부한 미국 내 Top 1 보딩스쿨이며 백인 상류층 사회에서는 Phillips Academy Andover보다 더 인지도나 선호도가 높은 학교이다. 백악관(White House)에 Internship을 Apply할 수 있는 유일한 명문 보딩스쿨이다. 이 학교의 어플리케이션은 전 세계 정재계 인사들의 정보를 모두 포함하고 있으며 학생들이 졸업한 이후 이 어플(Application)을 통해 여러 나라들의 정재계 인사들과 접촉이 가능하다. SSAT/TOEFL과 같은 공인 점수보다 학교에 기여할 수 있는 학생을 1순위로 뽑기로 유명하다. 또한 학교 수학 팀은 미국에서 가장 많은 수학 올림피아드 수상자를 배출하는 학교 중 하나로 아직도 진행 중이다. 이과 중심적인 학생이 많아 MIT 공대를 가장 많이 입학시키는 학교로 유명하다.

Portsmouth Abbey School(포츠머스 애비 스쿨)

국가	미국	지역	Rhode Island
전화번호	+ 1 401 683 2000	Email	askeley@portsmouthabbey.org

학교소개 | INTRODUCTION

설립연도	1926년	IB	0개
학교타입	명문 보딩스쿨	AP프로그램 수	21개
학교유형	남녀공학	SAT 평균	1400점
종교	Catholic	ESL프로그램 지원	N
허용학년	9~12	교사:학생비율	1:5
지원기한	Jan. 31	외국인비율	21%
학생수	350명	보딩비율	75%
학비	$71,935	유니폼	N

과외활동 | ACTIVITY

Sports	Baseball, Basketball, Cross Country, Dance, Equestrian, Field Hockey, Football, Golf, Ice Hockey, Lacrosse, Sailing, Soccer, Softball, Squash, Tennis, Track, Track and Field, Volleyball, Wrestling
Extra	Club or Organization: Christian Community Service, Cultural Awareness Club, Debate Club, Red Key, The Beacon, The Gregorian, The Raven, TLC, Wilderness Club, WJHD, Classics Club, March for Life Group, Scriptorium Arts and Music Programs: Abbey Singers, Pro Deo, Study Club

스쿨 피드백 | SCHOOL FEEDBACK

Rhode Island Narragansett 해변에 위치한 세계적 수준의 Carnegie Abbey Golf Course를 보유한 Portsmouth Abbey는 고대 그리스와 로마의 Western intellectual tradition을 이어 가는 Benedictine 기반 학교이다. 현재 360명의 학생이 재학 중이며 드넓은 525 acres 캠퍼스에서 70여 명의 교사들과 생활하고 있다. 75개의 교과과정이 개설되어 있으며, AP와 Honors 수업을 제공하고 있으며 가을, 겨울, 봄 학기 총 3학기 제도로 매 학기말에 치르는 기말고사는 학기별 성적에 25%가 반영이 되고 각 과목별 성적과 함께 선생님, 기숙사 선생님, 스포츠 코치의 자세한 코멘트를 각 학기말에 받아 보게 된다.

매년 여름방학 필수 독서 두 권이 배정되며 Portsmouth Abbey만의 고유 프로그램은 12학년이 될 학생들에게 독특한 배움의 경험을 주기 위한 장학금 Haney Fellowship과 아동 병원의 심장 병동 의료진과 인턴을 할 기회를 주는 Ali Sacco' 05 Internship이 있다. 이 프로그램은 본래 포츠머스 재학생이었던 Alison Marie Sacco가 안타깝게 병으로 사망한 이후 그녀를 애도하고 그녀의 정신을 이어 가겠다는 목적으로 설립된 인턴십 프로그램이다. 매해 단 한 명만이 선정되어 어린이 병원의 심장학 부서에서 의사들과 함께 의료 사무와 병원 관련 인턴십에 참여할 수 있으며 이를 통해 추후 의대 진학 프로그램으로도 활용되고 있다.

> 베네딕틴 전통을 따르는 종교색이 뚜렷한 학교다. Haney Fellowship은 심사를 통해 매년 여름 3명 정도의 11학년들을 뽑아 자신들이 참여하고 싶은 봉사활동/여행을 할 수 있는 프로그램으로 유명하다. 또한 종교색이 강하고 학교가 엄한 편이라 자녀 혼자 유학을 보내는 부모들 입장에서 만족도가 높은 학교다.

St. Albans School (세인트 알반스 스쿨)

국가	미국	지역	District of Columbia
전화번호	+ 1 202 537 6435	Email	sta_admissions@stalbansschool.org

학교소개 | INTRODUCTION

설립연도	1909년	IB	0개
학교타입	명문 보딩스쿨	AP프로그램 수	13개
학교유형	남자학교	SAT 평균	1410점
종교	Episcopal	ESL프로그램 지원	N
허용학년	4~12	교사:학생비율	1:7
지원기한	Jan. 6/Jan. 20	외국인비율	10%
학생수	592명	보딩비율	5%
학비	$78,196	유니폼	N

과외활동 | ACTIVITY

Sports	Baseball, Basketball, Football, Kayaking, Lacrosse, Rock Climbing, Soccer, Swimming, Tennis, Wrestling
Extra	Board Games, Certamen, Chess, Dodge Ball, Handball, Horrible Histories, Indoor Lacrosse, LEGO, Love of the Animals, Photography, Ping Pong, Reading, Spike ball, Sports Documentaries, Star Wars, Studio Art, Touch Football, Ultimate Frisbee, Vintage Games, Albanian Yearbook, Art Club, Astronomy Club, ASAP, BEEF, Cars Club, CAO, Catholic Club, Chemistry Club, Chess Club, Chinese Culture Club, Community Service Club, Computer Building Club, Cyberpatriot Club, Entrepreneurship for Social Impact Club, Fishing Club, History Club, Investment Club, Innovation Club, It's Academic, Knitting Club, Marina Orth Tutoring, Math Team, Mental Health and Awareness Club , Medicine Club, Model U.N., Music Appreciation Club, Neuroscience Club, NFL Club, Oskom, Robotics Team, Salsa and Entrepreneurship Club, Focus, French Club, Government Club, GSA, Gyre, Science Bowl Club, Sports Management Club, STA News, Technology Club, Technology Ethics Club, The Exchanged

스쿨 피드백 | SCHOOL FEEDBACK

St. Albans School의 캠퍼스는 59 acres로 Washington National Cathedral, Washington D.C. 내에 위치해 있으며 대학교 캠퍼스와 같이 고풍스럽고 아름다운 캠퍼스로 유명하다. 강도 높은 커리큘럼을 통해 공부 잘하는 학교로 유명하며 많은 학생들이 아이비리그로 진학하고 있다. 또한 1964년 이래, 미국 내 고교 졸업생이 받을 수 있는 최고의 영예 중 하나인 Presidential Scholar 22명을 배출했으며, 남학교로 운영되지만 여학교인 National Cathedral School과의 공동 수업을 통해 남녀공학에서만 얻을 수 있는 기회를 제공하고 있다. Math 교사인 Ted Findler의 지도 아래 운영되는 STAySmart는 학생의 학업 능력 지원 프로그램으로 개별적, 그룹별 지도, 단기/장기 과제, 중간/기말 고사, PSAT와 SAT 준비를 도와준다.

워싱턴 D.C.의 중심부에 위치하고 있으며 전 부통령 앨 고어와 조지 허버트 워커 부시의 넷째 아들이며 조지 워커 부시의 형제인 Neil Bush 등 많은 유명 인사들이 다녔던 학교로 유명하다. 일주일에 두 번 예배당에 의무적으로 참석해야 하며, 학교의 모토는 "For Church and Country"이다. 기숙사가 제한적으로 30명 정도만 기숙을 할 수 있어 경쟁이 굉장히 치열하다.

St. Andrew's School (세인트 앤드류스 스쿨)

국가	미국	지역	Delaware
전화번호	+ 1 302 378 9511	Email	admissions@standrews-de.org

학교소개 | INTRODUCTION

설립연도	1929년	IB	0개
학교타입	명문 보딩스쿨	AP프로그램 수	44개
학교유형	남녀공학	SAT 평균	1372점
종교	Episcopal	ESL프로그램 지원	N
허용학년	9~12	교사:학생비율	1:5
지원기한	Jan. 15	외국인비율	16%
학생수	306명	보딩비율	100%
학비	$64,150	유니폼	N

과외활동 | ACTIVITY

Sports	Baseball, Basketball, Crew, Cross Country, Dance, Field Hockey, Football, Indoor Soccer, Lacrosse, Soccer, Squash, Swimming, Tennis, Volleyball, Winter Track, Wrestling
Extra	Club or Organization: Ad Astra – astronomy club, Asian Affinity Group, Beekeeper's Club, Casa Latina, Coding Club, Community Service Organization, Crepes and Conversation, Environmental Stewards, Essence, Girls Collaborative, Guys Group, Humans of St. Andrew's, Mentoring – community service, Mock Trial, Model United Nations, Multicultural Affinity Group, Onyx, Organic Gardening, Outing Club, Playwriting Club, Poetry Club, Robotics, Sapphire, SAS Book Club, Senior Center – community service, South Asian Affinity Group, St. Andrew's Medical Society, Student Council, Student Vestry SWAG (student weekend activity group), The Andrean – literary magazine, The Cardinal – school newspaper, The Griffin – yearbook Arts and Music Programs: Andrean Ensemble (Choral Music), Jazz Ensemble, Musical Theater Showcase, Noxontones – Acapella Group, Orchestra, St. Andrew's Dance Company

스쿨 피드백 | SCHOOL FEEDBACK

Delaware주에 위치한 Episcopal 기반 학교인 St. Andrew's School에선 다양한 종교 배경에서 온 학생들의 입학을 허용하고 있다. St. Andrew's School은 100%의 보딩 비율을 자랑하는 학교로 대부분의 교직원들 역시 캠퍼스에 거주하고 있다.

약 16%의 학생은 국제 학생이지만, 매년 늘어나는 학생 수로 인해 국제 학생 입학이 더욱 까다로워졌다. 12학년 학생들에게만 제공되는 Senior Tutorial Program은 2명에서 3명 학생들이 읽기와 쓰기를 집중적으로 익히는 프로그램으로 정규과정보다 수업 시간은 짧지만 Oxford tutorial method를 접목한 발표, 토론, 비판 방식으로 운영되고 있는 것이 특징이다.

영화 〈죽은 시인의 사회〉의 배경이 되기도 했던 상류층 백인 학생들이 많이 포진되어 있는 학교다. 특히 문과 계통의 학생들에게 인기가 많은 편이며 많은 한국 학생들의 지원 버킷 리스트에 꼭 포함되는 학교 중 하나이다. Top 10 보딩인 St. Paul's School과 함께 100%의 보딩 비율을 자랑하는 학교다. 다소 종교적인 성향이 짙은 편이라 이 부분을 참고하고 지원하는 것이 좋다. 또한 Middlesex와 동일하게 캠퍼스 인터뷰 진행 시 Writing test가 있는 몇 안 되는 보딩스쿨 중 하나이니 참고해야 한다.

St. George's School (세인트 조지스 스쿨)

국가	미국	지역	Rhode Island
전화번호	+ 1 401 847 7565	Email	admission@stgeorges.edu

학교소개 | INTRODUCTION

설립연도	1896년	IB	0개
학교타입	명문 보딩스쿨	AP프로그램 수	20개
학교유형	남녀공학	SAT 평균	1320점
종교	Episcopal	ESL프로그램 지원	N
허용학년	9~12	교사:학생비율	1:7
지원기한	Jan. 15	외국인비율	15%
학생수	385명	보딩비율	88%
학비	$73,850	유니폼	N

과외활동 | ACTIVITY

Sports	Baseball, Basketball, Cross Country, Dance, Diving, Field Hockey, Football, Golf, Ice Hockey, Lacrosse, Sailing, Soccer, Softball, Squash, Surf Team, Swimming, Swimming and Diving, Tennis, Track, Track and Field, Volleyball
Extra	Club or Organization: AASA: Asian American Students Association, Entertainment Committee, Feed-a-Friend, French Club, Lance(yearbook), Latinos Unidos, Peer Tutors, Red and White(student paper), Red Key(student tour guides), School Prefects, Student Council, Sustainability Club, Women in Leadership Arts and Music Programs A Capella, Handbell Choir, Stage Crew

스쿨 피드백 | SCHOOL FEEDBACK

로드 아일랜드에 위치한 St. George's School은 보스턴에서 1시간 30분 거리에 있다. 1896년 설립된 St. George's School은 모든 종교의 학생들을 환영하는 Episcopal 전통을 가진 독립적인 학교로 88%의 높은 기숙사 비율을 유지한다. 매년 약 700명의 학생들이 입학 지원을 하고 그중 100여 명만 합격한다. 제2외국어는 불어, 독어, 일어, 라틴어, 중국어, 스페인어로 매우 다양한 옵션이 준비되어 있다. 대서양을 바라보는 위치에 자리 잡고 있는 St. George's는 Geronimo라는 이름 아래에 해양 프로그램이 준비되어 있으며 매년 약 60여 명의 학생들이 항해에 나선다. 120개 정규수업과 20개 AP 수업을 제공한다. St. George's에는 세 명의 College Counselor가 있고 진학 상담은 11학년부터 시작한다. 또한 가톨릭 학교인 만큼 학생들은 일주일에 두 번 School Chapel에서 예배를 드리는 게 특징이다.

아름다운 해안가가 학교 바로 앞에 위치하고 있어 학생들에게 인기가 많으며 여름 시즌에는 방과후 아이들이 바닷가에서 수영을 즐길 수 있다. 또한 학교 내에 과학 프로그램이 매우 세분화되어 있어 해양, 인체, 우주 항공 등 다양한 분야의 수업을 선택하여 들을 수 있으며 방학 중 학교 선생님과 함께 지중해 연안 나라들을 직접 배로 탐방할 수 있는 프로그램으로도 유명하다.

St. Mark's School (세인트 막스 스쿨)

국가	미국	지역	Massachusetts
전화번호	+ 1 508 786 6000	Email	admission@stmarksschool.org

학교소개 | INTRODUCTION

설립연도	1865년	IB	0개
학교타입	명문 보딩스쿨	AP프로그램 수	26개
학교유형	남녀공학	SAT 평균	1390
종교	Episcopal	ESL프로그램 지원	N
허용학년	9~12	교사:학생비율	1:6
지원기한	Jan. 31	외국인비율	20%
학생수	375명	보딩비율	75%
학비	$72,930	유니폼	N

과외활동 | ACTIVITY

Sports	Baseball, Basketball, Crew, Cross Country, Field Hockey, Football, Golf, Ice Hockey, Lacrosse, Soccer, Softball, Squash, Tennis, Wrestling
Extra	Club or Organization: Academic Peer Tutors, Acolytes, Admission Prefects, Admission Tour Guides, After-School Tutoring, Alpine Snowboarding, Alumni Ambassador, Amnesty International Club, Animal Rights Club, Band/Jazz Groups, Black Student Union, BMX Biking, Boys, Brantwood Camp, Calligraphy Club, Chinese Students Association, Christian Students - God Squad, Classics Club, Climate Action Group, D.O.P.E. Sports Club,, Debate Club, Diners Club, Electronics Club, Field Sports, Freestyle Skiing French Club, Gaming, German Club ,Girls, Green Team, Honor, House (Dorm) Prefects, Iaido, International Club, Investment Club, IT Club, Jewelry Design, Kayaking/Sea Kayaking, Literary Magazine, Mozaic, Medical Club, Middle Eastern Alliance for Peace, MMA, Opinator-student newspaper, Political and Current Events (PACE), Protection of Animals and Wildlife (PAW), Right Rwanda, River Rafting, Sexual Minorities and Straight Supporters (SMASS), Students for Students, Teach Choate, Teach Music, Tiger Lilies Arts and Music Programs: Royal Blues(female a cappella group), Chamber Players, Choir, Electronic Arts/ Computer Science Club, Foreign Film Club, Jazz Band, Marksmen(male a cappella group), Metropolitan Opera Trip, Musical Theatre Club, Photography Club

스쿨 피드백 | SCHOOL FEEDBACK

Southborough, Massachusetts에 위치한 St. Mark's School은 Boston과 30분 거리에 있어 Boston이 제공하는 문화 체험의 기회가 많다. St. Mark's School은 한 학년에 최소 5과목 수업을 하고 주 6일 수업, 수요일과 토요일은 half-days로 운영된다. 학생들은 St. Mark's School의 Signature Programs(Lion Term, St. Mark's Saturdays, Gray Colloquium, LEO: Official Academic Journal, STEM Fellowship, Global Citizenship, Career Day, Student Voices, Sustainability)을 통해 혁신적 교육을 체험할 수 있다.

많은 보딩스쿨들은 서로 친밀한 관계로 이어 오는 경우가 많은데, St. Mark's School의 경우, 인근 주니어 보딩인 Fay School과 매우 관계가 깊어 많은 Fay School 졸업생들이 St. Mark's School로 진학을 하였다.

명문 주니어 보딩스쿨인 Fay School과 거리가 길 하나 사이로 가까워 형제 학교로도 유명하다. 최근 한국 학생들의 명문대 진학률이 더욱 상승세를 타고 있어 학교 측에서 한국 학생들에 대한 지원을 아끼지 않고 있으며 한국 선후배들과 동문 네트워크에서도 강점을 가지고 있다. 다만 유학생의 경우 TOEFL 점수 105점 이상이 있어야 인터뷰를 할 수 있으니 참고하자.

St. Paul's School (세인트 폴스 스쿨)

국가	미국	지역	New Hampshire
전화번호	+ 1 603 229 4600	Email	admission@sps.edu

학교소개 | INTRODUCTION

설립연도	1856년	IB	0개
학교타입	명문 보딩스쿨	AP프로그램 수	15개
학교유형	남녀공학	SAT 평균	1403점
종교	Episcopal	ESL프로그램 지원	N
허용학년	9~12	교사 : 학생비율	1:5
지원기한	Jan. 15	외국인비율	19%
학생수	530명	보딩비율	100%
학비	$69,270	유니폼	N

과외활동 | ACTIVITY

Sports	Alpine Skiing, Ballet, Baseball, Basketball, Crew, Cross Country, Dance, Field Hockey, Football, Ice Hockey, Lacrosse, Nordic Skiing, Soccer, Softball, Squash, Tennis, Track and Field, Volleyball, Wrestling
Extra	All-Male A Cappella Group, Arts Society, Astronomy Society, Best Buddies, Business Society, Cadmean Cocordian, Cage Soccer Club, Cancer Awareness Society, Chinese Society, Chocolate Vanilla Swirl, Classics Society, Climbing Club, Contra Dance Society, Cooking Club, Cricket Club, Daily Grind Coffee Society, Debate Team, El Club De Espanol, Enders Science Society, Film Club, Football Appreciation Society, French Club, Futsal Club, Gender and Sexuality Alliance, German Club, Golf Club, Indian Society, International Lunch-Time Animation Festival(ILAF), International Society, Investment Club, ,Japanese Society, John G. Winant Society, La Mezcla, La Sociedad, Liberty in North Korea(LiNK), Madhatters, Math Society/Team, Mental Illness Awareness Society, Middle-Eastern Society, Mock Trial Club, Model Congress, Model United Nations, Outing Club, Paulie Improv(PI), People's Community Problems, Robotics Club, Rugby Club, Russian Society, Scholastic Bowl Team, Ski Club, Southern Society, SPS ASL, SPS Family, SPS Yearbook, St. Paw's Club, Student Cultural Alliance, Supernova, The Pelican, Ukulele Society, Wood Squad, WSPS, Young Democrats, Young Independents, Young Men's Club, Young Republicans, Young Women's Club

스쿨 피드백 | SCHOOL FEEDBACK

New Hampshire에 위치한 St. Paul's School은 U.S. Hockey의 발생지로 알려져 있는 Episcopal 전통을 가진 학교다. St. Paul's School은 100% 기숙학교며 전교생이 캠퍼스에 머물고 공부함으로써 보다 더 긴밀한 공동체 정신을 이어 가며 면학에 있어서도 선생님과 더 좋은 관계를 유지한다. 119동의 기숙사 건물, 네 곳의 연못과 Turkey River를 포함한 200 acres 이상의 캠퍼스, 17개 Interscholastic 스포츠 팀과 Hockey, Soccer, Crew를 포함한 8개 Club 스포츠 팀 그리고 50개 이상의 학생 단체를 운영하고 있다. 1915년 미국 최초의 Squash 코트를 지은 기록도 있다. St. Paul's에서는 학생과 교사가 Harkness Table(토론식 수업) 그리고 실험실에서 함께 논의하고 협력한다.

한화 김승현 회장의 장남과 차남이 졸업한 학교로도 유명한 학교이다. 특히 Choate Rosemary Hall 과 St. Paul's School 두 학교는 대기업 총수나 재벌 가문의 자녀들을 선호한다는 설도 있다. 스캇 보 헨 입학처장은 운동부 코치도 겸하고 있으며 학생들의 인터뷰 투어 시 뚜렷한 팀 스포츠 기록이 있을 경우 눈여겨보는 스타일이다. Top 10 보딩스쿨 중 유일하게 100% 보딩 비율을 유지하고 있다.

Stevenson School(스티븐슨 스쿨)

국가	미국	지역	California
전화번호	+ 1 831 625 8300	Email	info@stevensonschool.org

학교소개 | INTRODUCTION

설립연도	1952년	IB	0개
학교타입	명문 보딩스쿨	AP프로그램 수	21개
학교유형	남녀공학	SAT 평균	1380점
종교	Non-Denominational	ESL프로그램 지원	N
허용학년	9~12	교사:학생비율	1:10
지원기한	Jan. 15	외국인비율	20%
학생수	523명	보딩비율	54%
학비	$72,300	유니폼	N

과외활동 | ACTIVITY

Sports	Baseball, Basketball, Cross Country, Cross Country Running, Field Hockey, Football, Golf, Lacrosse, Sailing, Soccer, Softball, Swimming and Diving, Tennis, Track, Track and Field, Volleyball, Water Polo
Extra	Club or Organization: American Sign Language Club (ASL), Asian/Asian American Student Union (A/AASU), Black Student Union (BSU), Business Club, Christian Club, Continental Mathematics League: CML, Dogs of Stevenson, Future Problem Solving Club, Gender-Sexuality Alliance (GSA), Green Key Student Ambassadors, History Club, Junior State of America, LatinX Student Union (LSU), Mock Trial, Model United Nations (Model UN), Nanoseed Club, Philanthropy Club, Prefects, Resident Activities Committee, Senior Forum, Spyglass (Yearbook), Student Council, Tusitala (Newspaper), Vailima (art and literary magazine), Wilderness Expedition Leader

스쿨 피드백 | SCHOOL FEEDBACK

학교는 샌프란시스코에서 약 2시간 거리에 위치해 있으며 Pebble Beach 해변가에 있다. 다양한 해양스포츠 및 야외 수업을 할 수 있어 타 학교와 차별화되어 있다. 현재 60% 학생이 5개의 기숙사에서 생활하고 있으며 이 중 약 25% 학생이 국제 학생으로 구성되어 있다. 750명이 재학 중인 Stevenson School에는 사고력 깊은 학생들과, 재능 있는 선생님들 그리고 공부, 운동, 예술을 포함한 생동감 있는 커리큘럼을 제공한다. 예를 들어, 여러 개의 AP Courses를 택하여 훌륭한 성적을 거둔 학생이 몇 개의 클럽에서 활동하여 우수한 결과를 내는 등 다양한 재능을 펼치고 있는 학생들이 많다.

미국에서 가장 아름답고 유명한 골프장인 샌프란시스코 페블 비치 바로 옆에 있다. 학교는 두 개의 캠퍼스로 운영 중이며 학년별로 나눠져 있는데 K-8학년은 Carmel Campus/9-12학년은 Pebble Beach Campus에서 기숙이 가능하다. Sophomore Wilderness Expedition은 10학년들을 위한 야외 극기 훈련 프로그램으로 학생들의 체력 향상에 신경을 많이 쓰는 학교이다.

Suffield Academy(서필드 아카데미)

국가	미국	지역	Connecticut
전화번호	+ 1 860 386 4400	Email	admissions@suffieldacademy.org

학교소개 | INTRODUCTION

설립연도	1833년	IB	0개
학교타입	명문 보딩스쿨	AP프로그램 수	28개
학교유형	남녀공학	SAT 평균	1450점
종교	Non-Denominational	ESL프로그램 지원	Y
허용학년	9~12, PG	교사:학생비율	1:5
지원기한	Jan. 15/rolling	외국인비율	18%
학생수	415명	보딩비율	70%
학비	$70,000 (International)	유니폼	N

과외활동 | ACTIVITY

Sports	Alpine Skiing, Baseball, Basketball, Climbing, Crew, Cross Country, Dance, Diving, Field Hockey, Football, Golf, Kayaking, Lacrosse, Riflery, Rock Climbing, Snowboarding, Soccer, Softball, Squash, Swimming, Tennis, Track and Field, Volleyball, Water Polo, Wrestling
Extra	Academy Tours, Admission Tour Guides, Amnesty International Club, Akido, Alumni Leadership Committee, Anime Club, Badminton Club, Breakfast Club, Book Club, Chapel Committee, Chinese Club, Christian Fellowship, Compost Club, Cycling Club, Film Club, FOCUS, Gay Straight Alliance(GSA), Girl Up, Global Initiatives, Headwaiters, Innov-8, Investment School, Jewish Organization of Students(JOS), Kaleidoscope, Knitting Club, Library Proctors, MCA, Math Club, Mentor Program, Model UN, Music Club, PAC Managers, Pen Pal, Philosophy Club, Political Action, Proctor Program, Quiz Team, Soccer Club, Special Olympics, Student Council, Student Government, TA Program-Academic, TA Program-Leadership, The Bell(newspaper), The Pioneer(yearbook), Tiger Lily, Tour Guides, TREE, The Work Program Inspectors

스쿨 피드백 | SCHOOL FEEDBACK

코네티컷주의 주도인 하트퍼드시 인근에 위치한 브래들리 국제공항에서 불과 10여 분 거리에 위치한 이 학교는 대학 진학을 위한 전형적인 사립학교 중의 하나이다. 학생 개개인에게 주어지는 진로 지도와 학업 교육을 자랑하며 학교 수업을 소규모 반으로 편성하여 체계적으로 진행을 한다. 학생들은 자신의 역량을 최대한 발휘하기 위해 지덕체를 실천한다. 현재 400여 명의 학생이 재학 중이며 70%의 학생이 9개의 기숙사에서 생활하고 이 중 18%가 국제 학생이다.

1833년 코네티컷 문화 협회가 설립한 학교이며 200년 가까운 오랜 역사를 지니고 있다. 한때는 한인 학생들이 많았으나 최근에는 숫자가 많이 줄었다는 평이 있다. 최근 새로 지은 과학 건물에 인공위성 날씨 추적 시스템이 있어 기상 관련 전공을 하고자 하는 학생들에게 인기가 높은 학교다. School Work 프로그램을 통해 학교 외부 지역에서 봉사활동을 할 수 있다는 점이 장점이다.

Tabor Academy(테이버 아카데미)

국가	미국	지역	Massachusetts
전화번호	+ 1 508 748 2000	Email	admissions@taboracademy.org

학교소개 | INTRODUCTION

설립연도	1876년	IB	0개
학교타입	명문 보딩스쿨	AP프로그램 수	21개
학교유형	남녀공학	SAT 평균	1290
종교	Non-Denominational	ESL프로그램 지원	N
허용학년	9~12	교사:학생비율	1:7
지원기한	January 15	외국인비율	24%
학생수	541명	보딩비율	70%
학비	$74,400	유니폼	N

과외활동 | ACTIVITY

Sports	Baseball, Basketball, Cheering, Cross Country, Equestrian, Field Hockey, Football, Golf, Lacrosse, Soccer, Softball, Swimming, Tennis, Track and Field, Volleyball, Winter Track, Wrestling

	Club or Organization:
Extra	Amnesty International Club, Argo, Chamber Ensembles, Creative Design, Forensic Science, George School Investing Club, Goldfish in Java, Havurah, Latin American Students Organization, LOGOS, Model United Nations, Muslim Students Association, Open Doors, Prefect Program, Running Club, SAGE (Students Associated for Greater Empathy), Skiing Club, Songwriting Club, Umoja, Women's Issues Now Arts and Music Programs: Ceramics Club, Community Chorus

스쿨 피드백 | SCHOOL FEEDBACK

보스턴에서 1시간 떨어져 있는 Tabor Academy는 1876년 엘리자베스 테이버 여사에 의해 설립된 학교이며 해양학과와 해양과학을 포함한 AP와 다양한 교과목 및 바다와 관련된 각종 해양 프로그램으로 그 우수성이 다른 학교와 확연히 구분된다. 따라서 조정(Crew)팀과 요트(Sailing)팀 등 해양스포츠 팀 또한 미국 내 상위권에 있어 학교의 자랑거리다. 또한 이 학교만의 특징은 매해 카리브해로 항해할 수 있는 배와 프로그램을 제공하고 있어 학생들로 하여금 배를 타고 해양생태계에 대해 연구할 수 있는 기회가 주어진다.

그렇다고 해양 쪽으로만 발달된 학교는 아니다. 총 130개가 넘는 수업을 제공하며 미국 내에서도 명문 대학 입학률이 매우 높은 학교로 평가받고 있다. 현재 약 20%의 학생이 국제 학생이며 40개가 넘는 건물과 8개의 스포츠 필드, 여러 개의 테니스 코트 등 다양하고 우수한 시설이 있다.

해안에 위치한 캠퍼스라 아름다운 자연과 풍경에서 공부할 수 있는 장점으로 유명하다. 세인트 조지스 스쿨과 더불어 해양과학(Marine Science) 커리큘럼이 상당히 발달되어 있다. 따라서 R.E.E.F.(Research & Environmental Education Focus) 프로그램을 통해 카리브해의 역사, 문화, 해양 생태에 대해 배울 수 있다는 장점이 있다. 세인트 조지스 스쿨처럼 매해 가을/봄 항해 훈련 선박으로 James Geil 선장과 임원, 학생 22명이 함께 각국을 돌아다닌다.

미국 명문 보딩스쿨 합격 전략

The Governor's Academy(더 거버너스 아카데미)

국가	미국	지역	Massachusetts
전화번호	+ 1 978 465 1763	Email	admissions@govsacademy.org

학교소개 | INTRODUCTION

설립연도	1763년	IB	0개
학교타입	명문 보딩스쿨	AP프로그램 수	28개
학교유형	남녀공학	SAT 평균	1330
종교	Non-Denominational	ESL프로그램 지원	N
허용학년	9~12	교사:학생비율	1:5
지원기한	Jan. 31	외국인비율	15%
학생수	415명	보딩비율	60%
학비	$72,900	유니폼	N

과외활동 | ACTIVITY

Sports	Alpine Skiing, Baseball, Basketball, Cross Country, Cross Country Running, Dance, Field Hockey, Football, Golf, Ice Hockey, Lacrosse, Soccer, Softball, Tennis, Track and Field, Volleyball, Winter Track, Wrestling
Extra	Book Club, Chamber Orchestra, Chapel, Chorus, Concert Band, Concert Choir, Creative Writing, Club Dance, Company of NMH, Debate Club, Drama Club, Entrepreneurship Club, Environmental Club, Guitar Lessons, Peer Advisors, Proctors for Mansion House, Productions Club, Project Outreach, Social Committee, Student and Faculty Alliance, Student Center & Performing Arts Center, The Governor (student newspaper), The Milestone (yearbook), The Spire (literary magazine), Tour Guides

스쿨 피드백 | SCHOOL FEEDBACK

보스턴에서 1시간 거리에 위치하며 1763년에 오픈한 The Governor's Academy는 미국에서 가장 오래전부터 운영되고 있는 기숙학교이다. 오랜 학교 전통의 역사를 기리며 성공적으로 미래를 준비하고 학생들은 글로벌 리더로 성장하고 있다. 400여 명의 학생을 위해 80명이 넘는 교사가 있으며 대부분의 교사가 학교에서 거주하고 있다. 총 49개의 건물에서 다양한 수업과 활동을 할 수 있게 시설이 있으며 9개의 기숙사를 운영 중이다.

한인 최초의 유학생인 유길준 박사가 졸업했고 보스턴 다운타운에서 멀지 않은 거리이기에 인기가 좋으며 졸업을 위해선 100시간의 봉사를 해야 하며 그중 40시간을 Special Olympics를 통해 채워야 하며 학교 캠퍼스 올라가는 길이 매우 아름답기로 유명하다. 무엇보다 교장선생님이 학생의 고충 상담과 진로 상담을 직접 한다는 것이 장점이다.

미국 명문 보딩스쿨 합격 전략

The Hill School(더 힐 스쿨)

국가	미국	지역	Pennsylvania
전화번호	+ 1 610 326 1000	Email	admission@thehill.org

학교소개 | INTRODUCTION

설립연도	1851년	IB	0개
학교타입	명문 보딩스쿨	AP프로그램 수	27개
학교유형	남녀공학	SAT 평균	1340점
종교	Non-Denominational	ESL프로그램 지원	N
허용학년	9~12, PG	교사:학생비율	1:7
지원기한	Jan. 31/rolling	외국인비율	22%
학생수	540명	보딩비율	78%
학비	$72,390	유니폼	N

과외활동 | ACTIVITY

Sports	Baseball, Basketball, Crew, Cross Country, Fencing, Field Hockey, Football, Golf, Ice Hockey, Lacrosse, Rock Climbing, Soccer, Softball, Squash, Swimming, Swimming and Diving, Tennis, Track and Field, Ultimate Frisbee, Water Polo, Winter Track, Wrestling
Extra	Club or Organization: Honor Council, Student Government Association, Student Prefects, The Dial (yearbook), The Hill News (newspaper), The Record (literary journal) Arts and Music Programs: A Capella, Chamber Choir, Chorus, Theatre, Theatre Tech

스쿨 피드백 | SCHOOL FEEDBACK

1851년 설립된 펜실베이니아에 위치한 The Hill School은 필라델피아에서 1시간, 뉴욕시에서 2

시간 거리에 있다. 따라서 주말에 브로드웨이 공연도 관람할 수 있고 필라델피아에서 맛있는 점심도 먹고 쇼핑도 할 수 있어 인기가 많다. 대부분의 교사가 캠퍼스에 거주하며 교사 대 학생 비율이 8:1로 매우 낮은 편이다. "흥미로운 시대에 살아라." The Hill에서 살고 배우는 학생들에게 이 축복은 학생들이 매일같이 즐기는 기회를 설명하고 도전을 말한다. 가족 같은 학교 분위기, 엄격한 교양과정, 학교의 모토인 "무엇이든지 진실은 있다."를 통해 32개 다양한 국가에서 모인 학생들은 열심히 공부하고 사고와 추론을 하고, 만족하고, 공공의 이익을 추구하며 그리고 국제사회의 리더가 될 준비를 하고 있다.

재학생들의 29%가 Legacy로 Family boarding이란 닉네임이 있으며 졸업식 때 전원이 학교 내에 위치한 호수에 빠지는 전통을 가지고 있는 학교다. 또한 학교 부근은 비교적 빈촌이나 학교 시설은 매우 훌륭하다. 도널드 트럼프의 아들과 사위가 졸업한 학교로도 유명하다.

The Hotchkiss School(하치키스 스쿨)

국가	미국	지역	Connecticut
전화번호	+ 1 860 435 2591	Email	admission@hotchkiss.org

학교소개 | INTRODUCTION

설립연도	1891년	IB	0개
학교타입	명문 보딩스쿨	AP프로그램 수	22개
학교유형	남녀공학	SAT 평균	1420점
종교	Non-Denominational	ESL프로그램 지원	N
허용학년	9~12, PG	교사:학생비율	1:6
지원기한	Jan. 15	외국인비율	13%
학생수	605명	보딩비율	95%
학비	$69,820	유니폼	N

과외활동 | ACTIVITY

Sports	Baseball, Basketball, Crew, Cross Country, Dance, Field Hockey, Football, Ice Hockey, Lacrosse, Soccer, Squash, Swimming, Tennis, Track, Track and Field, Golf
Extra	**Affinity, Cultural & International:** Asian Society, Black and Hispanic Student Alliance (BAHSA), Chinese Club, Classics Club, French Club, Gender & Sexuality Alliance, German Club, Hillel, Round Square, Spanish Club, Wiser **Art, Dance & Music:** Calliope, Drill Team, Gospel Choir, Hotchkiss Dramatic Association (HDA), Unity Through Rhythm **Community Service:** Habitat for Humanity, The Hotchkiss Blood Drive, The Hotchkiss Swimathon, Junior Bearcats, Kucetekela, Songs for Smiles, St. Luke's Society **Special Interests:** Chess Club, Investment Club, Knitting Club, Outing Club **Academic, Math & Science:** Math Club, Math Team, Science Club, Science Olympiad, Speech & Debate Team **Campus Spirit & School Service:** Blue & White Society, Student-Faculty Council **Publication & Media:** The Hotchkiss Record, Hotchkiss Television (HTV), INKredible, No Limits, The Mischianza, The Paper, The Whipping Post, The Writing Block **Political & Social Awareness:** Bluestockings, Hotchkiss Political Union, Students for Environmental Awareness (SEA)

스쿨 피드백 | SCHOOL FEEDBACK

코네티컷주에 위치한 The Hotchkiss School은 1891년에 설립되어 9학년에서 12학년까지 약 600명의 학생들이 있다. 특별한 프로그램으로는 작은 수의 PG(Post Graduate) 프로그램인 13학년(일종의 재수생)으로 미국 명문 대학을 준비하는 학생들에게 탁월한 교육을 제공하고 있다. PG 프로그램은 필립스 액스터, 앤도버 같은 많은 명문 보딩스쿨에서도 진행하고 있으며 학생이 가고 싶은 대학을 가기 위해 우리나라의 재수학원이 아닌 보딩스쿨 내에서 준비한다는 것이 다를 뿐이다.

학생들은 미국 전역과 전 세계 34개국에서 모인 학생들로 이루어져 있으며 많은 졸업생들이 명문 대학에 진학하고 있다. The Hotchkiss School은 오래전부터 미국 고등학교 중 Yale University를 가장 많이 진학시키는 학교로 알려져 있다. The Hotchkiss School은 신뢰, 상호 존중, 자비의 가치들을 지키도록 이끌어 준다.

예일대학의 Prep 스쿨로도 인기가 많으며, 보딩학생의 비율이 90%가 넘는다. 그리고 학교 기부금의 대부분은 보딩 학생들을 위해 사용하고 있으며 중국 북경대학과 연계 프로그램을 통해 공부할 수 있는 기회도 주어진다. 아울러 내신 받기가 어려운 학교로 알려져 있어 일부 Top 10 보딩스쿨 지원자들이 기피하는 현상도 있다.

The Hun School of Princeton(헌 스쿨 오브 프린스턴)

국가	미국	지역	New Jersey
전화번호	+ 1 609 921 7600	Email	admiss@hunschool.org

학교소개 | INTRODUCTION

설립연도	1914년	IB	0개
학교타입	명문 보딩스쿨	AP프로그램 수	17개
학교유형	남녀공학	SAT 평균	1330점
종교	Non-Denominational	ESL프로그램 지원	Y
허용학년	9~12, PG	교사:학생비율	1:8
지원기한	Jan. 31/rolling	외국인비율	15%
학생수	680명	보딩비율	30%

학비	$73,700 ($5,000 international fee)	유니폼	N

과외활동 | ACTIVITY

Sports	Baseball, Basketball, Crew, Cross Country, Cross Country Running, Dance, Fencing, Field Hockey, Football, Golf, Ice Hockey, Lacrosse, Soccer, Softball, Squash, Swimming, Tennis, Track, Track and Field
Extra	American Medical Student Association, Chess Club, College Democrats, College Republicans, Diversity Club, Forensics Club, French Club, Honor, Key Club, Nautical Club, School Newspaper, Black Student Alliance, Chamber, Yearbook

스쿨 피드백 | SCHOOL FEEDBACK

뉴욕과 필라델피아 사이에 있으며 각 1시간 거리에 위치한 The Hun School의 설립자, Dr. John Gale Hun은 Princeton 대학교수로, 교사와 학생의 관계가 가까울 때 최고의 양성 효과를 본다는 철학으로 학교를 설립했다. 자신의 학생들을 잘 아는 우수한 교사진과 자신들이 받는 관심과 연결고리의 고마움을 아는 학생들에 의해 설립자의 뜻은 오늘날에도 이어지고 있다. 47 acres의 자연 친화적 지역에 자리하고 건축과 자연이 아름답게 조화를 이루고 있다. 또 장점으로는 프린스턴 대학이 도보로 이동할 수 있는 거리에 있다.

The Hun School에서 선보이고 있는 John Gale Hun Program for Civics는 미국 민주주의에 깊은 관심을 가지고 있는 학생들에게 미국 정부 기관들과 교류할 수 있는 다양한 활동 등이 마련되어 있다. 또한 Model United Nations Club, Leadership Program과 같은 학교 동아리와 AP American Government 등의 수업은 해당 분야에 열정을 품은 이들에게 좋은 기회가 된다.

프린스턴 대학교와 5분 거리에 위치하며 6학년부터 재학이 가능하지만 기숙사 생활은 9학년(Upper School)부터 가능하고 기숙 비율이 30% 정도라 다소 아쉬운 상황이다.

The Lawrenceville School(로렌스빌 스쿨)

국가	미국	지역	New Jersey
전화번호	+ 1 609 896 0400	Email	admission@lawrenceville.org

학교소개 | INTRODUCTION

설립연도	1810년	IB	0개
학교타입	명문 보딩스쿨	AP프로그램 수	Info N/A
학교유형	남녀공학	SAT 평균	1490점
종교	Non-Denominational	ESL프로그램 지원	N
허용학년	9~12, PG	교사:학생비율	1:8
지원기한	Jan. 15	외국인비율	16%
학생수	817명	보딩비율	70%
학비	$76,080	유니폼	N

과외활동 | ACTIVITY

Sports	Baseball, Basketball, Crew Cross Country, Cross Country, Running, Dance, Diving, Fencing, Field Hockey, Football, Golf, Ice Hockey, Lacrosse, Soccer, Softball, Squash, Swimming, Swimming and Diving, Tennis, Track, Track and Field, Volleyball, Water Polo, Winter Track, Wrestling
Extra	**Arts:** Allegro Council, Art Club, Base Drop, Caliente(Latin Dance), Creative Writing Club, En Corps(Dance), Impulse, The Larries(coed a capella), Lawrenceville Photo Club, Lawrenceville Dance Team, L KR3W(Dance), Music for the Community, Nachale(Indian Dance Club), Periwig Club, Rouge(female a capella), Songwriting Workshop, Science Fiction/Fantasy Creative Writing Club, Tour de Force(Dance), VoiceMale(male acapella) **Community Service:** Aid for the Andes, Autism Awareness Club, Baking for Change, Build On, Color the World, Community Reach Out, Dream for the Future, Dumplings for Dreams, Gawad Kalinga to end poverty in the Philippines, Humanitarian Aid Society, Juvenile Diabetes Research Foundation(JDRF), Kicks for Kids, Lawrenceville Animal Rescue Club, LiNK(Liberty in North Korea), Lives Saving Lives, Music Without Borders, Public Health Club, Room to Read, Sisters in Science, Sole Ace, Spine Hope **Cultural & Affinity Clubs:** ABC- Alliance of Black Cultures, Arabic Club, Asian Students Organization(A-SO), BWAL: Black Women at Lawrenceville, Chinese Corner Club, Club Korea, French Club, Gender Sexuality Alliance(GSA), International Students' Association, Japan Club, Latinos Unidos, Quarter Century Society, Slavic Circle, WILL(-Women in Leadership at Lawrenceville) **Current Events, Politics & Business:** Big Red Investment Club, Business Start-ups Club, FBLA(Future Business Leaders of America), Lawrenceville Mock Trial Team, Lawrenceville Political

Action Club, LEAP(Leadership in Ethics and Policy), Model Arab League, Model UN, Public Policy Club, Speech and Debate Club, Sports and Business, Young Democrats, Young Republicans

Environment, Agriculture & Health:
Big Red Farm Club, Climate Action Team, Lawrenceville Food and Nutrition Club, Solar Energy Club

Games, Sports, Active & Fun:
Anime Club, Basic Survival Cooking Club, Big Red Running Club, Chess Club, Do It Yourself Club, Go Club, Frisbee Club, LBI(Lawrenceville Bureau of Investigation), Lawrenceville Outing Club, Lawrenceville Polo Team, Lawrenceville Ski Club, Lego Club, Strategy Games Club, Squash4Olympics

Intellectual, Academic, Design & Medical:
Classics Club, Geography Club, Girls Who Code, Lawrenceville Medical League, Math Club, Philosophy Club, Programming Club, Quiz Bowl Club, Technovation, Science and Robotics Club, Sisters in Science, Women in Engineering

Publications, Communications & Current Events:
The Contour: Shaping Your Global Worldview, L10 News, The Lawrence, The Lawrenceville Historical Review, The Lawrenceville Line(poetry website), Lawrenceville Out Loud-a satirical publication, The Negative, Lawrenceville Stories, *Lawrencium*: Science Research Journal, *The Lit, The Ollapod*-School, Yearbook, *The Point, Prize Papers*, Tour Guides, WLSR-Lawrenceville Radio Club

Religious Life:
Buddhist Sangha at Lawrenceville, Catholic Students Organization, Fellowship of Christian Athletes, FOCUS, Hallelujah, Hindu Students Organization, Interfaith Initiative, Jewish Students Organization, Muslim Students Organization, Orthodox Christian Fellowship, Religious Life Council

스쿨 피드백 | SCHOOL FEEDBACK

프린스턴 대학 바로 옆에 위치한 뉴저지 최고 명문 Lawrenceville의 학생-Lawrentian-이 된다는 것은 하루의 일정을 정규수업, 공부 시간, 체육, 연극, 친구들과의 시간, 특별 이벤트 등으로 가득 채운다는 뜻이다. 학생들은 자신의 시간을 관리하는 방법을 배우고 자기와의 약속을 지키고 우정을 쌓는 법을 익힌다. 학교의 이념은 다양한 문화에서 온 젊고 유망한 학생들을 친밀한 멘토링, 광범위한 교과과정, 교육과 학습의 조화 그리고 고유의 시스템을 통해 책임감 있고 열정적으로 참여하는 리더로 동기부여와 교육을 통해 양성하는 것이다.

Lawrenceville은 독립적인 탐구 정신, 그리고 진취적인 성향을 가진 학생들이 지향하며, 학생이 자신의 재능, 관심사를 파악하고, 이에 맞는 결정을 스스로 내리고, 책임감 있게 행동할 수 있는 환경을 경험한다. 탑 순위 보딩스쿨에서 이미 일반화되어 있는 Harkness Table을 비롯하여 Lawrenceville에서는 학생이 주체가 될 수 있도록 적극적인 지원을 한다.

뉴저지(NJ)에 위치한 학교들 중 1위 보딩스쿨이며 뉴욕과 가까운 이유로 중국 학생과 한국 학생 그리고 뉴욕으로 비즈니스차 자주 출장 다니는 아시안 학부모들에게 인기가 좋은 학교다. 로렌스빌 스쿨의 경우 New England에 위치한 필립스 엑시터, 필립스 앤도버, 세인트 폴스, 디어필드, 초우트 같은 상위권 학교와 동시에 지원하는 것을 알 경우 일련의 불이익을 당할 수도 있다. 또한 졸업 후 두 달에 한 번씩 재학생과 졸업생, 60~70대 한국의 정재계 및 외국계 회사 Head에 이르기까지 동문 활동이 가장 왕성한 학교로 알려져 있다. 미국 전역의 모든 학교 중 Princeton University를 가장 많이 입학시키는 학교로 유명하여 Princeton feeder School(예비 학교)로 불린다.

The Loomis Chaffee School(루미스 채피 스쿨)

국가	미국	지역	Connecticut
전화번호	+ 1 860 687 6000	Email	admission@loomis.org

학교소개 | INTRODUCTION

설립연도	1874년	IB	0개
학교타입	명문 보딩스쿨	AP프로그램 수	18개 (* College Level로 표기)
학교유형	남녀공학	SAT 평균	1365점
종교	Non-Denominational	ESL프로그램 지원	N
허용학년	9~12, PG	교사:학생비율	1:4
지원기한	Jan. 15	외국인비율	14%
학생수	741명	보딩비율	70%
학비	$69,500	유니폼	N

과외활동 | ACTIVITY

Sports	Alpine Skiing, Baseball, Basketball, Cross Country, Equestrian, Field Hockey, Football, Golf, Ice Hockey, Lacrosse, Soccer, Softball, Squash, Swimming and Diving, Tennis, Track and Field, Volleyball, Water Polo, Wrestling
Extra	Academic/Co-Curricular: Debate Society, Math Team, Medical Research Club, Model U.N., Phage Club, Robotics, Science Team, Tree Society(philosophy) Multicultural & Religious: Arab World Affiliation, Chinese Club, Christian Fellowship, Jewish Student Union, Korean Club, LC Italians, PRISM(People Rising in Support of Multiculturalism), Spectrum(Gender-Sexuality Alliance) Publications: Confluence(yearbook), The Log(newspaper), Maroon & Grey(newspaper), The Loom(literary journal), Loomis Chaffee World Bulletin Political & Special Interest: Foreign Feminism Club, Global Human Rights Club, LC Young Democrats, Loomis Chaffee Conservatives, Oysters, Project Green Service: American Red Cross/Disaster Relief Club, Compassion Club, Girls Learn International, Kindness Club, Operation Soldier Relief, Pelican Service Organization(PSO), Spread the Dough Fun and Games: BBQ Club, Chess Club, Darwin Club(outdoors), LC Superfans, Cup Stacking Club

스쿨 피드백 | SCHOOL FEEDBACK

1874년 설립된 코네티컷주 윈저(Winsor)에 위치한 Loomis Chaffee School은 뉴욕 JFK 공항에서 북쪽으로 2시간 30분 거리에 있다. 학교에는 750명의 학생 중 70%가 13개 기숙사에서 생활하고 있으며 50명이 넘는 교사가 학교에서 거주하며 국제 학생 비율은 14%이다. Loomis Chaffee School의 이념은 다양한 문화와 사회적 배경에서 온 학생들의 정신, 마음, 몸을 단련하여 최고가 되어 공공에 헌신하도록 독려한다. 250개 교과과정이 있으며 공동체 생활을 통해 학생들이 국가와 글로벌 사회를 위해 봉사하도록 교육하고 있으며, 학교의 목표는 설립자의 의도를 이어, 학생 전체가 더 위대하고 더 나은 삶을 영위하도록 격려한다.

웨스트민스터, 태프트와 더불어 백인 학생들이 대다수인 학교로, 입학처에 한국계 담당자가 있으나 한국어를 전혀 못하는 편이다. 전반적으로 깔끔하고 시설 투자에도 매우 부지런한 학교이며 열띤 토론의 학습 형태로 유명한 하크니스 테이블 시스템도 갖추고 있다.

The Madeira School(마데이라 스쿨)

국가	미국	지역	Virginia
전화번호	+ 1 703 556 8200	Email	admission@madeira.org

학교소개 | INTRODUCTION

설립연도	1906년	IB	0개
학교타입	명문 보딩스쿨	AP프로그램 수	12개
학교유형	여학교	SAT 평균	1355점
종교	Non-Denominational	ESL프로그램 지원	Y
허용학년	9~12, PG	교사:학생비율	1:4
지원기한	Jan. 15/rolling	외국인비율	13%
학생수	336명	보딩비율	51%
학비	$69,500	유니폼	N

과외활동 | ACTIVITY

Sports	Ballet, Basketball, Climbing, Cross-Country, Cross-Country Running, Dance, Diving, Equestrian, Field Hockey, Lacrosse, Riding, Rock Climbing, Soccer, Softball, Swimming, Swimming and Diving, Tennis, Track, Track and Field, Volleyball, Winter Track
Extra	**Club or Organization:** Arts Council, Asian Club, Biodiesel Production Club, Black Student Union, Campaigners, Chemistry Olympiad, Chinese Language & Culture Club, Classics Club, Community Service Committee, Cum Laude, Gay Straight Alliance (GSA), Innovation Club, Marine Biology Club, Mental Health Awareness Club, Model UN, Muslim Student Association, Neuroscience Club, Newspaper, Peer Tutoring, Petition Club, Pi-Landers Junior Math Club, Pi-Landers Senior Math Club, Riding Club, Science and Engineering Club, Slam Poetry Club, Spanish Club, Student Diversity Board, Student Government, Thespians, TV Talks Club, Young Democrats, Young Republicans **Arts and Music Programs:** A Capella, Chamber, Nature Club, Science Enrichment Club, Theater Tech **Recreational Athletic Programs:** Campus Entertainment Committee (CEC), Yoga

스쿨 피드백 | SCHOOL FEEDBACK

Madeira는 Washington D.C.의 문화생활, 정치, 다양한 국적이 합쳐진, 그리고 아름답고 고요한 376 acres의 캠퍼스에서 숲속을 산책하고 Potomac River를 바라볼 수 있는 자연경관이 매우 훌륭한 여학교이다. Madeira는 개인의 성장을 권장하는 동시에 협동의 중요성을 강조한다. 학업 프로그램은 엄격하고, 도전적이며 학교 교과과정은 대학교 그리고 그 후를 준비하도록 실제 경험 중심의 교육을 제공한다. 방과후 프로그램을 통해 다양한 경험은 물론 인턴십으로 자연스럽게 연계된다. 예를 들어 Washington D.C.와 가까워 정부 기관, 의원실에서 인턴을 하면서 많은 것을 배울 수 있는 기회들도 있다. 현재 336명의 학생이 재학 중이며 이 중 51% 학생이 기숙 생활을 하고 있다.

Emma Willard, Miss Porter's와 같이 명문 여자 사립학교로 학생들과 선생님이 소규모 그룹으로 한 가지 주제에 대해 토론하는 시간이 매우 특별하다. 많은 여성 정치가 및 기업가를 배출한 학교다.

The Masters School(마스터즈 스쿨)

국가	미국	지역	New York
전화번호	+ 1 914 479 6400	Email	admission@mastersny.org

학교소개 | INTRODUCTION

설립연도	1877년	IB	0개
학교타입	명문 보딩스쿨	AP프로그램 수	15개
학교유형	남녀공학	SAT 평균	1350점
종교	Non-Denominational	ESL프로그램 지원	Y
허용학년	5~12	교사:학생비율	1:8
지원기한	Jan. 15	외국인비율	9%
학생수	694명	보딩비율	21%
학비	$74,500	유니폼	N

과외활동 | ACTIVITY

Sports	Baseball, Basketball, Cross-Country, Cross-Country Running, Dance, Fencing, Field Hockey, Golf, Lacrosse, Soccer, Softball, Squash, Swimming, Tennis, Track, Track and Field, Volleyball
Extra	Club or Organization: Anime Club, Art Club, Classics Club, Cooking Club, DAA (Dobbs Athletic Association), Debate Club, Dragon Club, Football Club, French Club, Gaming Club, Gender and Sexuality Alliance, Gold Key Society, Improv Club, International Club, Latin Club, Masterpieces (yearbook), MISH (Masters Interested in Sharing and Helping), Model UN, Onyx, One Love, Operation Smile, Panache (literary magazine), REEF, SADD, Spanish Club, Touring Talent, Tower (student newspaper), Ubuntu Student-Directed Performing Groups: 49 Clinton, Cabaret Troupe, Dohters, Muse, The Naturals, Outspoken, Phoenix, Positive Rhythm, Salty Dogs, Urban Connection

스쿨 피드백 | SCHOOL FEEDBACK

뉴욕 맨해튼에서 20분 거리에 위치한 Masters School의 특징은 Harkness table과 소그룹 스터디를 통해 학생들과 교사들이 함께 어깨를 맞대고 토론하고 서로의 아이디어를 나눈다. New York City의 체험학습은 학생들에게 비교할 수 없는 배움의 경험, 새로운 발견을 위한 동력, 그리고 개인의 능력을 발전시키는 자원이 된다.

특히 Computer Science 분야에 지원이 잘되어 있어, 해당 분야에 열정이 있는 학생들은 관심을 가지는 것이 좋다. Global and Civic Exchange 프로그램을 통해서는 오늘날 자주 회자되는 이슈들에 관심을 가지고 이에 대한 인식을 높일 수 있는 기회를 갖는다.

'CITY Term' 프로그램을 통해 뉴욕에서 도시/문화 탐방이 가능하고 하버드 대학의 토론수업 프로그램으로 유명한 하크니스 테이블 방식으로 진행되고 있다. 학교의 중심이 되는 Estherwood Mansion은 국가의 역사적 유적지로 지정되어 있다. 맨해튼 시내에서 통학하는 학생들이 많아 보딩 비율이 21%이며 주말에는 시내로 나가 다양한 취미 생활 및 활동이 가능해 인기가 높다.

The Taft School(태프트 스쿨)

국가	미국	지역	Connecticut
전화번호	+ 1 860 945 7777	Email	admissions@taftschool.org

학교소개 | INTRODUCTION

설립연도	1890년	IB	0개
학교타입	명문 보딩스쿨	AP프로그램 수	Advanced Courses 35개
학교유형	남녀공학	SAT 평균	1370점
종교	Non-Denominational	ESL프로그램 지원	N
허용학년	9~12, PG	교사:학생비율	1:5
지원기한	Jan. 15	외국인비율	21%
학생수	580명	보딩비율	82%
학비	$72,000	유니폼	N

과외활동 | ACTIVITY

Sports	**Fall Sports:** Cross Country (Boys) Varsity JV, Cross Country (Girls) Varsity JV, Field Hockey Varsity JV III, Football Varsity JV, Riding Intramural, Sailing Intramural, Soccer (Boys) Varsity JV III IV, Soccer (Girls) Varsity JV, Volleyball Varsity JV III **Winter Sports:** Basketball (Boys) Varsity JV III IV, Basketball (Girls) Varsity JV, Hockey (Boys) Varsity JV III, Hockey (Girls) Varsity JV III, Skiing (Boys) Varsity, Skiing (Girls) Varsity, Squash (Boys) Varsity JV III, Squash (Girls) Varsity JV III, Wrestling Varsity **Spring Sports:** Baseball Varsity JV, Crew (Boys) Varsity, Crew (Girls) Varsity, Golf (Boys) Varsity JV, Golf (Girls) Varsity JV, Lacrosse (Boys) Varsity JV III, Lacrosse (Girls) Varsity JV, Sailing Intramural, Softball Varsity, Tennis (Boys) Varsity JV III, Tennis (Girls) Varsity JV III, Track (Boys) Varsity, Track (Girls) Varsity
Extra	**Arts:** Taft Improv, Fleeting Thoughts, Hydrox & Oriocos A Cappella Groups, T-rap, Taft Illustration Club, Masque and Dagger, Music Listening Club **STEM:** Taft Coding Club, Geo Club, Women in Compsci **Publications & Media:** Global Journal, The Taft Papyrus, Taft Business Review, The Taft Language Magazine, Taft International Review, The Annual **Service and Philanthropy:** Global Medical Service Association, The Red Rhino Fund, Taft Interact Club, Her Flow, My Concern, Taft Girl Up

Spiritual Life:

FOCUS (Fellowship of Christians at Universities), Religion and Spiritual Life Council, Jewish Student Organization (JSO)

Health, Wellness, Sports, Recreation:

Winter Walking, RAFA, Taft Recreational Sports Club, Model United Nations Club, Debate, Democrats of Taft, The Political Awareness Club, Taft Republican Club

Politics & Current Events:

Model Congress, Taft Republicans, Taft Democrats, Taft International Relations and Public Policy Chamber, Debate Club, Model United Nations

Social Consciousness:

The UNICEF Club, The Wildlife Conservation Club, Environmental Awareness Club, Animal Humane Society, More than 4

Special Interests:

Snacks on Sunday, Frisbee Club, French Club, Japanese Culture Club, The Taft Financial Society, We Need a Bigger Table, Sunshineology, Chess Club, Mosaic, European Affinity Group, Lost and Found at Taft, The Taft Typing Club, Every Mind Matters, The Black Alliance Club, GALS (Girls Acting Like Sisters), SAAP (Sexual Assault and Awareness Prevention), The Monetary Literacy Club, African Dance Club, Taft Cooking Club, Student Engagement Council, Formula One and Motorsports Club, Taft Quiz Bowl, The Loki Society, Gender and Sexuality Alliance, UCT (United Cultures of Taft), Pan-Asian Affinity Group, Somos Taft, The Middle Eastern Youth Alliance, Medical Education Club, CCS Pen Pal, Shades, Females in Finance, Psychology of Crime, Taft Etiquette Club, HONG, Creative Writing Club, Pro-Choice Club, Girls with Gains, History Club (formal alias TBD), Pan Asian Affinity Group

스쿨 피드백 | SCHOOL FEEDBACK

The Taft School은 뉴욕시에서 약 2시간 안 되는 코네티컷주에 위치하고 있다. The Taft School

은 "To Educate the Whole Student"-학생의 모든 측면을 교육시키는 것을 중심으로 설립된 학교이며 학생들의 학업, 스포츠, 사회 봉사 등 모든 활동에 탁월하도록 지원해 준다. 이 학교는 아름다운 캠퍼스를 보유하고 있으며, 예일대학교에서 1시간 내외의 거리인 만큼 과거부터 현재까지 꾸준히 예일대학교에 진학하고 있어 좋은 유대 관계를 가지고 있다.

특히 학교에서 내세우는 Harkness Method를 통해 일반적 교실 수업 방식에서 벗어나 학생들과 교사가 테이블에 다 함께 둘러앉아 토론을 하며 서로의 생각을 주고받는 환경을 마련한다.

한화 김승현 회장의 막내 아들과 인포뱅크 장준호 전 대표의 딸인 장인선 씨가 수석 졸업을 해 그해의 발레딕토리안(Valedictorian)으로 졸업 연설을 했다. 웨스트민스터, 루미스 체피 스쿨 등과 더불어 백인 학생들의 숫자가 월등히 많다는 선입견도 있다. 현재는 중국 학생도 극소수이며 한국 학생 또한 몇 명에 불과해서 국제 학생에 대한 학교 측의 배려가 아쉬운 학교다. Top 10 보딩스쿨을 목표로 하는 학생들의 리스트에 항상 포함되는 학교 중 하나이며 입학하기 어려운 학교로 정평이 나 있다.

The Thacher School(태처 스쿨)

국가	미국	지역	California
전화번호	+ 1 805 646 4377	Email	admission@thacher.org

학교소개 | INTRODUCTION

설립연도	1889년	IB	0개
학교타입	명문 보딩스쿨	AP프로그램 수	0개
학교유형	남녀공학	SAT 평균	1450점
종교	Non-Denominational	ESL프로그램 지원	N
허용학년	9~12	교사:학생비율	1:5.7
지원기한	Jan. 15	외국인비율	14%
학생수	254명	보딩비율	90%
학비	$74,530	유니폼	N

과외활동 | ACTIVITY

Sports	Baseball, Basketball, Climbing, Cross Country, Dance, Equestrian, Football, Lacrosse, Rock Climbing, Soccer, Tennis, Track, Track and Field, Volleyball
Extra	Club or Organization: Amnesty International Club, Black Student Union, Cheese Club, Christian Fellowship Club, Indoor, Latinos Unidos, Literary Society, Multi-ethnic Student Union, Robotics Club, Spectrum, The Notes, United Cultures of Thacher, Chemistry Club, Chess club, Conservative Club, Croc club, Fencing Club, Golf, Hip-Hop club, It's Debatable, Knitting Club, Mountain bike Club, Philosophy club, Ping Pong Club, Robotics Club, Skate Club, Ski Club, Stress-Relief club, Surfing Club, Tea Club, Thacher Downhill, Thacher Investment Club, Volleyball Club Arts and Music Programs: Chamber, Thacher Masquers Recreational Athletic Programs: Fitness/Challenge Fitness, Thacher Pack & Spur Club

스쿨 피드백 | SCHOOL FEEDBACK

캘리포니아 북부 도시 오하이에 위치하며 200명 이상의 학생들에게 완벽한 환경, 우수한 교사진을 제공하고, 고풍스러운 시설들을 잘 갖추고 있다. 또한 뛰어난 교육과정, 학생들을 위해 희생적인 봉사를 하는 교사의 자세, 정규수업과 병행되는 각종 스포츠 및 과외 활동들이 이 학교의 명성을 유지시켜 주는 근본적인 요인이다.

The Thacher School은 독보적으로 9학년 신입생들부터 본격적인 승마 프로그램에 몰입하도록 한다.

캘리포니아주에서 Cate, Webb School과 함께 3대 명문 보딩스쿨로 입학 성공률은 북동부 Top 10보다 어떤 면에서는 더 어려운 상황이며 최근 수년 동안 한국 유학생을 극소수 합격시키고 있다. 승마 프로그램은 아이들이 학교에 입학과 동시에 조랑말 때부터 직접 키우고 관리하는 게 이 학교의 특징이다. LA에서 가까워 많은 교포 학생들까지도 지원에 열을 올리는 학교다.

The Webb Schools(웹 스쿨)

국가	미국	지역	California
전화번호	+ 1 909 626 3587	Email	admission@webb.org

학교소개 | INTRODUCTION

설립연도	1922년	IB	0개
학교타입	명문 보딩스쿨	AP프로그램 수	35개
학교유형	남·여학교	SAT 평균	1500점
종교	Nonsectarian	ESL프로그램 지원	N
허용학년	9~12	교사:학생비율	1:6
지원기한	Jan. 15	외국인비율	23%
학생수	405명	보딩비율	62%
학비	$76,985	유니폼	N

과외활동 | ACTIVITY

Sports	Badminton, Baseball, Basketball, Cross-Country, Cross-Country Running, Football, Golf, Soccer, Softball, Swimming and Diving, Tennis, Track and Field, Volleyball, Water Polo, Wrestling
Extra	Club and Organization: Alianza (Latino Student Alliance), Art Club, Chinese Conversation, Coding Club, Community Service, Photography Club, Radio Station, Robotics, Sports Reporting, Student Admissions Assistants, Student Government Yearbook Arts and Music Program: School Play Recreational Athletic Programs: Outdoor Activities, Triathlon

스쿨 피드백 | SCHOOL FEEDBACK

LA 시내에 위치한 Webb Schools는 Webb School of California(남학교)와 Vivian Webb School(여학교)로 나눠져 있어 남학생과 여학생들이 따로 수업을 듣는 몇 안 되는 학교이며, 405명의 학생이 재학 중이다. 23%의 유학생이 있으며 한 반에 평균 16명의 학생이 있다. 전체 57명의 선생님 중 83%는 석사, 박사학위를 소지하고 있다. 88%의 선생님이 학교 안에서 학생들과 같이 생활하며 6개의 기숙사는 남학생을 위한 것이고 4개의 기숙사는 여학생을 위한 것이다. 학교는 수준 높은 수업을 제공하기로 유명하며 졸업생 95%가 미국 내 10% 안에 드는 명문 대학으로 입학하고 있다.

캠퍼스 내에 고생물 박물관(Alf Museum)이 세워져 있으며, 고등학교 내 위치한 박물관으로는 미국에서 유일하게 인정을 받고 있다. 한국에서 학교 명성에 비해 입학은 힘들기로 유명한 학교이니 참고해야 된다.

The Williston Northampton School(윌리스턴 노스햄턴 스쿨)

국가	미국	지역	Massachusetts
전화번호	+ 1 413 529 3000	Email	admission@williston.com

학교소개 | INTRODUCTION

설립연도	1841년	IB	0개
학교타입	명문 보딩스쿨	AP프로그램 수	29개
학교유형	남녀공학	SAT 평균	1360점
종교	Non-Denominational	ESL프로그램 지원	Y
허용학년	9~12, PG	교사:학생비율	1:7
지원기한	Jan. 15/rolling	외국인비율	24%
학생수	400명	보딩비율	70%
학비	$75,315	유니폼	N

과외활동 | ACTIVITY

Sports	Alpine Skiing, Baseball, Basketball, Climbing, Cross-Country, Cross-Country Running, Dance, Equestrian, Field Hockey, Football, Golf, Kayaking, Lacrosse, Mountain Biking, Mountaineering, Rock Climbing, Snowboarding, Soccer, Swimming, Swimming and Diving, Tennis, Track, Track and Field, Volleyball
Extra	Club and Organization: Bird Watching Club, Black Student Union, Chess Club, Christian Fellowship, Cinema, Cooking Club, Cycling, Design Club, Forensics, Gay Straight Alliance, Hoste Society (tour guides), International Club, Martial Arts Club, Math Club, Microlending, Mitchell Cabinet (Service Club), Multicultural Club, Peer Tutoring, Photography Club, Robotics, Student Activities Committee, Student Council, Table Tennis Club, The Ashnoca (Student Newspaper), Theatre Performance Arts and Music Programs: Chapel Choir, Chorus, Dance, Drama, Handbell Choir, SongCraft, Studio Art,

The Blue and White (Yearbook), The Review (Literary Magazine)

Recreational Athletic Programs:

Equestrian, Mountaineering

스쿨 피드백 | SCHOOL FEEDBACK

The Williston Northampton School은 1841년에 설립된 오랜 역사를 자랑하는 학교이며 1971년에 근처 여학교 Northampton School for Girls와 합병하며 이름이 Williston Seminary에서 The Williston Northampton School로 변경했다. 현재 80명의 중학생과 400명의 고등학생이 재학 중이며 그중 70% 학생들이 기숙사에서 생활하고 학생들은 22개 주와 24개 국가 학생이며 전체 학생의 24%는 국제 학생으로 이루어져 있다. 125 acres의 캠퍼스는 Amherst, Hampshire, Mount Holyoke, Smith Colleges, the University of Massachusetts Amherst, 이 다섯 대학의 중심 지역에 위치해 있어 대학과 연계된 다양한 프로그램을 경험할 수 있는 게 특징이다. 도전적인 교과과정과 37개의 Honor와 AP 수업을 제공해 많은 학생들이 명문대에 진학하기로 유명하다.

미국 교육부에서 가장 추천할 만한 학교에 수년간 오르내릴 정도의 교과서적인 학교이며, 한때 한국의 EBS 교육 채널에도 등장했던 학교로 2016년부터 시작된 예술 프로그램 The Grum Project는 미술/음악/연극/춤 등 여러 퍼포먼스에 참여할 수 있도록 예산 편성이 훌륭하나 아쉽게도 한국에서는 많이 알려지지 않은 학교다.

Western Reserve Academy(웨스턴 리저브 아카데미)

국가	미국	지역	Ohio
전화번호	+ 1 330 650 4400	Email	admission@wra.net

학교소개 | INTRODUCTION

설립연도	1826년	IB	0개
학교타입	명문 보딩스쿨	AP프로그램 수	0개
학교유형	남녀공학	SAT 평균	1347점
종교	Non-Denominational	ESL프로그램 지원	N
허용학년	9~12, PG	교사:학생비율	1:6
지원기한	Feb. 10/rolling	외국인비율	21%
학생수	431명	보딩비율	64%
학비	$71,250	유니폼	N

과외활동 | ACTIVITY

Sports	Baseball, Basketball, Lacrosse, Softball, Track & Field, Cross Country, Field Hockey, Football, Golf, Ice Hockey, Riflery, Swimming & Diving, Soccer, Tennis, Volleyball, Wrestling
Extra	National Merit Scholarship Program, United States Presidential Scholars Program, Buckeye Boys State, Buckeye Girls State, Coca-Cola Scholars Program Scholarship, Hugh O'Brian Youth Leadership, Prudential Spirit of Community Awards, United States Senate Youth Program, Davidson Fellows, MIT Inspire: National high School Research Competition in the Arts, Humanities, and Social Sciences, Rachel Carson Intergenerational Sense of Wonder/Sense of the Wild Contest, Congressional Art Competition, YoungArts, Letters About Literature, Nancy Thorp Poetry Contest, Cum Laude Paper, ASCAP Foundation Charlotte Bergen Scholarship, ASCAP Foundation Morton Gould Young Composer Awards, Bank of America Student Leaders Program, Telluride Association Summer Program, University of Notre Dame Leadership Seminars, U.S. Naval Academy STEM Programs

스쿨 피드백 | SCHOOL FEEDBACK

오하이오주에 위치하고 있으며 주 내에서는 최고 명문 보딩스쿨이며 엄격한 복장 규정과 높은 수준의 학업을 제공하고 있는 학교로 유명하다. 15개 나라와 23개 주에서 온 학생들이 Western Reserve Academy에서 공부하며 학생들에게 해외에서 공부할 기회를 주며 학교에서 배우는 언어를 이용하여 그 나라의 언어뿐만 아니라 문화를 경험할 수 있게 한다.

토요일 수업을 통해 학문적 수업 이외에 로보틱스, 엔지니어링 등 여러 특별 교육과정을 제공한다. Beyond Reserve-여름방학 동안 참여할 수 있는 프로그램으로 Baylor College Medical Center/Western Reserve University Genetic Research Program/The Nanz Company/Nightingale Opera Theater/Cleveland Clinic's Breast Cancer Institute 등 여러 회사 및 기관에서 인턴십을 체험할 수 있는 장점이 있고 Compass라는 프로그램을 통해 졸업 후 진로에 대해서도 자문이 가능한 학교다.

Westminster School(웨스트민스터 스쿨)

국가	미국	지역	Connecticut
전화번호	+ 1 860 408 3000	Email	admit@westminster-school.org

학교소개 | INTRODUCTION

설립연도	1888년	IB	0개
학교타입	명문 보딩스쿨	AP프로그램 수	22개
학교유형	남녀공학	SAT 평균	1330점
종교	Non-Denominational	ESL프로그램 지원	N
허용학년	9~12, PG	교사:학생비율	1:5
지원기한	Jan. 15	외국인비율	15%
학생수	425명	보딩비율	75%
학비	$71,795	유니폼	N

과외활동 | ACTIVITY

Sports	Baseball, Basketball, Cross Country, Dance, Diving, Field Hockey, Golf, Ice Hockey, Lacrosse, Soccer, Softball, Squash, Swimming, Tennis, Track and Field, Water Polo
Extra	Club or Organization: AP Studio Art: Drawing, Artist Development, Black & Gold(admission tour guides), Debate Club, Design Basics, Eco-Team, Introduction to Art, Multi-Cultural Student Union, Overtones(acapella singing group), Seniors As Sisters, Serving Our Neighbors(S.O.N.), Student Academic Committee, Student Activities Committee(S.A.C.), Student Government, The Martlet(annual magazine), The Westminster News, Wales, Wests and Overs, Yearbook, Young Life Arts and Music Programs: Band, Chamber, Chorale, Dance Club, Dramatics, Jazz Club, Theater(acting), Theater(stagecraft), Westminster Belles Recreational Athletic Programs: Ski and Snowboard Club

스쿨 피드백 | SCHOOL FEEDBACK

코네티컷주의 주도인 하트퍼드시 인근에 위치한 Westminster School은 미국 대학 준비 과정 학교 중 최고로 꼽힌다. 경쟁적인 분위기와 친환경적인 자연환경 속에서 학생들은 몸과 마음을 다진다. 독립적인 남녀공학으로서 사회 활동, 공부뿐만 아니라 육체적인 성장도 중요하게 생각하며 약 400여 명의 전교생, 그리고 75%의 높은 기숙사 비율로 구성된 Westminster School은 매우 친밀한 분위기의 커뮤니티이다. 그리고 20여 개의 다양한 AP 수업과 함께 학생들의 관심사에 알맞은 동아리 활동도 여럿 있어 학업뿐만 아니라 방과후 활동도 다양하게 경험할 수 있다.

채플 앞 잔디밭은 Six form Lawn이라고 해서 졸업을 앞둔 12학년(sixth former)들만이 밟을 수 있는 재미있는 전통이 있다. 학교 내에 세종 홀이라는 한국인들이 기부해서 만든 시설이 있고 루미스 체피, 태프트와 함께 백인 숫자가 월등히 높고 동양인들의 숫자가 적은 학교이다. 한국에서 명성보다 입학이 어렵기로 유명한 학교이니 참고해야 한다.

Westtown School(웨스트타운 스쿨)

국가	미국	지역	Pennsylvania
전화번호	+ 1 610 399 0123	Email	admission@westtown.edu

학교소개 | INTRODUCTION

설립연도	1799년	IB	0개
학교타입	명문 보딩스쿨	AP프로그램 수	55개
학교유형	남녀공학	SAT 평균	1340점
종교	Society of Friends	ESL프로그램 지원	Y
허용학년	9~12	교사:학생비율	1:6
지원기한	Jan. 15/rolling	외국인비율	12%
학생수	372	보딩비율	70%
학비	$73,150	유니폼	N

과외활동 | ACTIVITY

Sports	Baseball, Basketball, Cross Country, Dance, Field Hockey, Golf, Lacrosse, Soccer, Softball, Swimming, Tennis, Track and Field, Winter Track, Wrestling

미국 명문 보딩스쿨 합격 전략

Extra	Club or Organization: A cappella, Admission Tour Guides, Amnesty International Club, Audio/Video Club, Backgammon club, Beat (Rhythm & Percussion) Club, Beatbox Club, Brown & White (School Newspaper), Business Club, Chess Club, Chinese Language & Culture Club, Community Government, Cooking Club, Crosswinds, Debate Club, Disciplinary Council, Dobbs, Dobbs Athletic Association, Dohters, Drama Club, Earth Club, Epiphanies (Literary Magazine), Global Studies Institute, HAS (Hotchkiss Art Society), International Matters e-Magazine, Junior Peer Leaders, Knitting Club, No Limits, Onyx, Organic Garden Club, Panache, Pheonix, Polar Bear Club, Recording and Concert Production, School for the Entrepreneur, Society for Public Speaking (SPS includes Debate Model UN Model Congress), Step Club, Student Council, Student Multicultural Board, Student Union for Multicultural Awareness & Action (SUMAA), Surfing and Body boarding, Tea Times, The Academy (book group), The Amicus (Yearbook), The Brown & White (Student Newspaper), Westtown Christian Fellowship, Westtown Competitive Gaming Club, Work Program Arts and Music Programs: Soundscapes (Music Interpretation) Recreational Athletic Programs: Latin/Caribbean Club, Ultimate Frisbee Club, Weight Lifting Club, WOC (Westtown Outing Club)

스쿨 피드백 | SCHOOL FEEDBACK

필라델피아에서 25마일 떨어져 있는 Westtown은 아름다운 600 acres 크기의 캠퍼스를 운영하고 있다. 다양한 실험실, 숲, 14 acres 호수, 유기농 정원, 14개의 테니스 코트, 25미터 수영장, 극장, 미술관 등 시설이 있다. 역량 있는 선생님과 생동감 있는 커뮤니티가 많이 있으며 학생들 구성은 20개 국가와 20개 주에서 온 학생들이 공부하고 있다. 퀘이커교의 교리에 따라 환경보호에 관심이 많고 봉사활동의 기회가 매우 다양하며 졸업할 때 봉사 점수는 필수이며 전교생이 일주일에 두 번 모여 30분간 명상을 한다.

유치원부터 12학년까지 다닐 수 있으며 총 600여 명의 학생 중 300여 명이 시니어 학생들로 대다수를 차지하고 있다. 재미있는 것은 22가지 로프 코스가 있어 학생들이 야외에서 Zip line 같은 로프 액티비티를 즐길 수 있어 인기가 높은 편이다.

Woodberry Forest School(우드베리 포레스트 스쿨)

국가	미국	지역	Virginia
전화번호	+ 1 540 672 3900	Email	Wfs.admissions@woodberry.org

학교소개 | INTRODUCTION

설립연도	1889년	IB	0개
학교타입	명문 보딩스쿨	AP프로그램 수	0개
학교유형	남학교	SAT 평균	1290점
종교	Non-Denominational/Christian	ESL프로그램 지원	N
허용학년	9~12	교사:학생비율	1:6
지원기한	Nov. 15/Jan. 15	외국인비율	10%
학생수	400명	보딩비율	100%
학비	$65,350	유니폼	N

Sports	Baseball, Basketball, Cross Country, Cycling, Diving, Football, Golf, Lacrosse, Mountain Biking, Rock Climbing, Soccer, Squash, Swimming, Tennis, Track and Field, Winter Track, Wrestling
Extra	**Academic:** Drone Club, Investment Club, Math League, Model United Nations, Robotics Club, Science Olympiad, Speech and Debate, Young Republicans, Young Democrats, Young Libertarians **Admission:** Admission Ambassadors, Admission Hosting **Art and Music:** Lemon tree Film Club, Student Bands, Dance Club/Dance Marathon **Community Service:** Boy Scouts, Boys and Girls Club, Johnson Stadium Concession Stand **Environmental:** Environmental Club, Student Conservation Committee, Vegetable Gardening Initiative **Games:** Chess Club, Paintball Club, Rubik's Cube Club **Leadership:** Peer Leadership Council **Outdoor:** Fly-fishing Club, Outdoors Club, Rod and Gun Club, Ropes Course Instructors **Publications:** Fir Tree Yearbook, The Oracle, The Talon, Woodberry Forest School Production Network

Social:
Caucus, GSA Discussions, International Forum
Spiritual:
St. Andrew's Chapel, Woodberry Christian Fellowship

스쿨 피드백 | SCHOOL FEEDBACK

Woodberry Forest School은 Virginia주에 위치한 100% 기숙 남학교이다. 1889년 설립 당시 학교 부지는 James Madison 대통령 가족 소유의 농장이었으며 1200 acres의 캠퍼스는 미국은 물론 세계 각국의 학생들을 매료시킨다. 학교의 교실, 운동시설, 최첨단 기술은 미국 내 소규모 대학과 견주어도 손색이 없으며 학생들의 기숙사는 필요한 모든 편의 시설을 제공하고 Charlottesville, Richmond, Washington D.C.와 가까운 거리에 위치해 있다. China, Costa Rica, England(Oxford), France, Mexico와 같은 곳으로 다녀오는 International Studies programs와 다양한 과외활동을 제공하고 있다. Woodberry Forest School은 스포츠로 매우 강한 학교로 알려져 있다.

95%의 교사진과 함께 기숙하는 100% 보딩으로 이루어진 남자 기숙학교이고, 36홀 골프장이 캠퍼스 내 위치하고 있다. 조지 부시(George H.W Bush) 전 미국 대통령의 막내아들이 졸업했고 한인 중에는 한때 방송인으로 유명한 오성식 씨의 아들이 졸업한 학교로 알려져 있다.

예술 보딩스쿨(Art Boarding School)

Idyllwild Arts Academy(아이딜와일드 아츠 스쿨)

국가	미국	지역	California
전화번호	+1 951 468 7223	Email	admission@idyllwildarts.org

학교소개 | INTRODUCTION

설립연도	1946년	IB	0개
학교타입	명문 예술 보딩스쿨	AP프로그램 수	N/A
학교유형	남녀공학	SAT 점수/평균	Y/1090점
종교	Non-Denominational	ESL프로그램 지원	Y
허용학년	9~12, PG	교사:학생비율	1:4
지원기한	Rolling	외국인비율	50%
학생수	280명	보딩비율	85%
학비	$76,450	유니폼	N

과외활동 | ACTIVITY

Sports	Ballet, Climbing, Dance, Mountain Biking, Rock Climbing, Tennis
Extra	Activities: Dances, Open-Mic Coffee Houses, Movie Screenings, Games, Competitions, Pool Parties, Open Houses in Dorm Parent Apartment, Trips to Museums, Concerts, Theatre Productions, Amusement Parks, Beaches, Ski Areas, Skating Rinks, Shopping Malls, Movie Theatres, Sporting Events, Cultural Activities, Recreational Activities, Biking, Jogging, Hiking

스쿨 피드백 | School Feedback

캘리포니아에 위치한 아이딜 와일드 아츠 스쿨(Idyllwild Arts Academy)은 LA 도심에서 2시간 떨어져 있다. 아이딜 와일드의 이념은 아름답고 자연적인 환경에서 개인을 성장시키고 예술과 문화 개발을 장려하고 향상시킨다. 아이딜 와일드는 전 세계의 젊고 재능 있는 다양한 아티스트들에게 예술 그리고 포괄적인 대학 준비 과정을 Pre-Professional Training을 통해 제공한다. Idyllwild Art는 풍부하고 오래된 창조적 재능을 가진 수천 명의 아티스트들을 양성한 역사를 갖고 있으며, 1940년도 후반부터는 열정을 가진 모든 분야의 아티스트들을 위한 이상적인 환경을 제공하기 위해 전념하고 있다. 전형적인 학교 스케줄은 오전에 일반적 과목들을 듣고 오후 2시부터 6시 반까지 전공수업을 듣는다.

이 학교는 Creative writing, Dance, InterArts/Fashion Design, Film & Digital Media, Music, Theatre, Visual Arts 등의 프로그램들이 준비되어 있다. 학생들에게는 체계적인 진학 카운슬링을 제공하며 졸업생들은 RISD, SAIC, SVA 등 대표적인 예술대학에 진학하였다. 뉴욕 필하모닉 오보에 연주자 Liang Wang, 2009년 토니 어워드 여배우 Marin Irelad, 아메리칸 아이돌 참가자 Casey/Abrams 등이 이 학교를 졸업했다.

Interlochen Center for the Arts(인터라켄 센터 포 디 아트)

국가	미국	지역	Michigan
전화번호	+1 231 276 7200	Email	admission@interlochen.org

학교소개 | INTRODUCTION

설립연도	1928년	IB	0개
학교타입	명문 예술 보딩스쿨	AP프로그램 수	2개
학교유형	남녀공학	SAT 점수/평균	N/A
종교	Non-Denominational	ESL프로그램 지원	Y
허용학년	9~12, PG	교사:학생비율	1:6
지원기한	Early Decision: Nov. 15 Regular Decision: Jan. 15	외국인비율	14%
학생수	557명	보딩비율	92%
학비	$73,200	유니폼	N

과외활동 | ACTIVITY

Sports	Recreational: Volleyball, Soccer, Dodgeball, Fitness, Indoor Wall Climbing, Skiing
Extra	Activities: To the four, Fun on Stage and Screen, Celebrating Students and Maintaining Mental Health, Crafts, Competition, Cinema, A Halloween Spooktacular, Athletic Activities, Class Trips, Wearable Arts, Photo Scavenger Hunt, Student Appreciation Day Clubs and Organizations: Giving Clubs, President's Club, Kiwanis Club, Broadcaster's Circle, Producer's Circle, Heritage Society

스쿨 피드백 | School Feedback

미국 중부 미시간주에 위치한 인터라켄 아트 아카데미(Interlochen Arts Academy)는 3-12학년에게 제공되는 여름 캠프(Interlochen Summer Arts Camp)로도 세계적인 인기와 영향력이 있는 학교이다. 이 학교는 젊은 예술가들을 학문적으로 우수하고 보람 있는 미래의 직업을 위해 준비시킨다. 포괄적인 College preparatory curriculum과 최고의 예술 교육이 합쳐진 Fine arts와 음악, 연극, 비교 예술, 문예 창작, 영화예술, 무용 그리고 시각예술이 포함되어 있다. 이러한 커리큘럼은 예술계 전문인들을 다수 배출시켰다. 매년 학교 내에서 학생, 교사 및 세계적인 아티스트들을 초청하여 600회 이상의 전시회를 열고 있으며, 이로 인해 Interlochen은 미국 내에서 가장 많은 예술 행사가 열리는 곳 중 하나로 알려졌고 이러한 행사들은 학생들에게 창의적 영감을 갖도록 하고 있다.

초청된 아티스트들 중에는 Jason Mraz, Sara Bareilles, Norah Jones 등 이 시대의 영향력 있는 예술가들을 다수 포함하였으며, 공연, 연극, 전시, 영화 등 다양한 형태로 학생들의 독창성과 재능을 자극시킨다. 졸업생 중에는 구글 공동 창립자 Larry Page, Shakira, Mandy Moore, Ricky Martin 등의 그래미 수상 뮤직 프로듀서 Tim Mitchell, New England Conservatory에서 솔로 바이올린 연주가 및 교수로 활동하는 Kim Kashkashian, ABC 인기 텔레비전 시리즈 Desperate Housewives에 출연한 여배우 Felicity Huffman 등이 있다.

Walnut Hill School for the Arts(월넛 힐 스쿨 포 디 아트)

국가	미국	지역	Massachusetts
전화번호	+ 1 508 653 4312	Email	admissions@walnuthillarts.org

학교소개 | INTRODUCTION

설립연도	1893년	IB	0개
학교타입	명문 예술 보딩스쿨	AP프로그램 수	0개
학교유형	남녀공학	SAT 점수	N
종교	Non-Denominational	ESL프로그램 지원	Y
허용학년	9~12, PG	교사:학생비율	1:6
지원기한	Jan. 15/rolling	외국인비율	36%
학생수	284명	보딩비율	80%
학비	$75,790	유니폼	N

과외활동 | ACTIVITY

Sports	Recreational: Fitness, Battle Ropes, Pop-up Soccer, Basketballs, Dance, Yoga, Trampoline Parks, Indoor Rock Climbing
Extra	Leadership: Dorm Presidents, Disciplinary Committee members, Club Heads, Class Presidents, Department Representatives, Gold Key members, Planning Creative Campus Events Clubs and Organizations: Academic Olympiad, AV Club, Community Service Association Environmental Club, Fashion Club, Gender Sexuality Alliance, Harry Potter Club, Jewish Student Union, Newspaper Club, S.W.E.A.T(Sweaty Walnuts Engaging In Athletic Things), The Mixed Nuts (A Capella Group), Yearbook Club School Traditional Days: Leadership Retreat and Orientation, Mountain Day, Class Night, Boar's Head Feast, Patriots' Day, Tree Day, Ring Day, Senior Trip Day, Candlelight, Awards Ceremony, Graduation Dance

스쿨 피드백 | School Feedback

Walnut Hill School for the Arts은 보스턴 시내에서 40분 거리에 위치해 있는 예술고등학교로 1893년 개교했으며, 아이딜 와이드, 인터라켄과 더불어 미국의 3대 예술 보딩스쿨 중 하나로 손꼽힌다. 이 학교에서는 어린 예술가들이 예술과 학문을 실생활에 어떻게 적용할지를 배우게 되며 학생들은 작품을 전시하고 콘서트를 열기도 한다. Walnut Hill School for the Arts의 장점은 모든 학교 활동 및 프로그램이 학생 각각의 관심 분야와 전공 분야에 맞춰서 운영되며 정기적으로 각 예술 분야의 저명인사들을 학교에 초빙하여 강연 및 수업이 진행되며 학생이 원하는 명문 대학으로 진학할 수 있도록 아낌없이 지원하고 있다.

New England Conservatory of Music 학교(미국 내 손꼽히는 음악 학교로서 Harvard, Tufts 등 명문 대학들과 연결된 학위 프로그램을 통하여 수업을 제공함)와 독보적인 제휴를 통해 학생들에게 수준 높은 음악 프로그램을 제공하는 것으로 유명하다. 졸업생 중에는 Carnegie Mellon, Harvard, Princeton과 같은 명문대뿐만 아니라, The Julliard School 등 다수의 최상위권 음악대학에 진학하기도 하였다. 기존 보딩스쿨 못지않은 수준 높은 교육을 받은 학생들은 Columbia, NYU, SVA, Brown, Pratt 등 다수의 명문 대학교들에 입학하였다. 영향력 있는 졸업생들 중에는 세계적인 아티스트 어셔, 레이디 가가, 브루노 마스 등과 함께 작업을 하는 Sara Newkirk Simon, 뉴욕 패션브랜드 Proenza Schouler를 설립한 Jack McCollough 등이 있다.

D.

사립사관 보딩스쿨(Military Boarding School)

Admiral Farragut Academy(애드미럴 패러것 아카데미)

국가	미국	지역	Florida
전화번호	+ 1 727 384 5500	Email	admissions@farragut.org

학교소개 | INTRODUCTION

설립연도	1933년	IB	0개
학교타입	명문 해군 보딩스쿨	AP프로그램 수	18개
학교유형	남녀공학	SAT 점수/평균	Y/1150점

종교	Non-denominational	ESL프로그램 지원	Y
허용학년	Boarding 8~12	교사:학생비율	1:15
지원기한	Rolling	외국인비율	25%
학생수	320명	보딩비율	45%
학비	$59,900	유니폼	Y

과외활동 | ACTIVITY

Sports	Track and Field, Baseball, Tennis, Golf, Football, Cross Country, Soccer, Basketball, Swimming, Wrestling, Volleyball, Lacrosse, Softball
Extra	Clubs: Key Club, Multicultural Club, National Honor Society/National Junior Honor Society, Spanish Honor Society, Mu Alpha Theta, Spoken Word Poetry Club, Book Club, Sailing Team, Guitar Club, Drill Team, Scuba Dive Club, Service Club, Robotics Club Waterfront: Sailing, Paddle boarding, Kayaking, Canoeing, Tubing, Fishing, Seine, and Cast Netting

스쿨 피드백 | School Feedback

1933년 설립된 Admiral Farragut Academy는 해군사관학교로, 첫 번째 미국 해군 장교의 이름에서 학교의 이름을 가져와 규모가 커지면서 1945년 세인트 피터, 플로리다로 옮겨 오게 되었다. 유치원부터 12학년까지 수업을 진행하고 있고 기숙이 가능한 학년은 7학년부터다. 남녀공학, 25개국 이상에서 온 학생들이 같이 수업을 하며, 영어가 힘든 학생들을 위해 ESOL 수업을 운영하고 있다. AFA에서는 Fine arts, 21 sports, Sailing, Engineering, Aviation, Scuba 및 다양한 과외활동을 제공한다.

AFMA는 미 해군사관학교로서 8학년부터는 Nava Junior Reserve Officer Training Corps 해군 교육 프로그램에 필수로 참여해야 한다. 또한 1987년 설립된 Aviation 항공 교육 프로그램은 30명 정도의 학생들이 자가용 비행기 조종사 자격증을 얻었으며 100명이 넘는 학생들이 세계 최고의 항공 대학교로 뽑힌 Embry-Riddle Aeronautical University에 진학했다.

Culver Academies(컬버 아카데미스)

국가	미국	지역	Indiana
전화번호	+ 1 574 842 7000	Email	admissions@culver.org

학교소개 | INTRODUCTION

설립연도	1894년	IB	0개
학교타입	명문 보딩스쿨	AP프로그램 수	26개
학교유형	남녀공학	SAT 점수/평균	1245점
종교	Non-Denominational	ESL프로그램 지원	Y
허용학년	9~12	교사:학생비율	1:6
지원기한	Jan. 15	외국인비율	20%
학생수	830명	보딩비율	100%
학비	$61,000	유니폼	N

과외활동 | ACTIVITY

Sports	Baseball, Basketball, Cheering, Crew, Cross Country, Dance, Diving, Drill Team, Equestrian, Fencing, Football, Golf, Ice Hockey, Lacrosse, Polo, Riding, Rugby, Sailing, Soccer, Softball, Swimming, Swimming and Diving, Tennis, Track, Track and Field, Volleyball, Winter Track, Wrestling
Extra	Club or Organization: A Capella, Badminton Club, Black Student Union(BSU), Boy Scouts Troop 209, CGA Rugby Club, Chinese Culture Club, Coding Club, Culver e sports, Culver Pipe and Drums, Discussing American Topics(DAT), Diversity Club, Docent Corps(Visual Arts), Dungeons and Dragons Club, French Club, Green Life, Human Rights Council, Junior Classical League Latin Club, Knitting Club, Leadership Committee for Africa, Living History, Math Forum, Model United Nations, Nutrition and Dietetics Club of Culver, Peer Coaching, Performing Caring Collaborating(PCC), Quiz bowl, Rifle Club, Robotics Club, Roll Call(Yearbook Club), Rubik's Cube Club, Shotgun Sports Club, Sin Fornteras "without borders", Speech Team, Stamp Club, Student Ambassador Organization(SAO), Table Tennis, The Last Supper, The Narrative(Introduction to the Bible), The Quill(Fine Arts Magazine), Theater Tech, Usher Corps, Vedette(Student Magazine), Video Broadcasting Team(VBT), W.R.A.P. Women's Rights Awareness Program, Women in STEM, Writing Center, Youth Community Organization(CYCO)

스쿨 피드백 | SCHOOL FEEDBACK

기숙학교가 흔하지 않은 Indiana주에 위치한 The Culver Academies는 교실에서 교과과정뿐만 아니라 운동장, 지역사회, 어디에서나 진정한 전인교육을 하는 군사 보딩스쿨이다. The Culver Academies의 목표는 통합적인 전인교육을 통해 정신과 몸을 단련시키고 학생들을 사회에서 책임감 있는 시민으로 배양하는 것이다. 117년간의 학문, 리더십, 종교, 운동을 포함한 통합교육으로 미국 내에선 둘도 없는 College Preparatory로 성장하였다. Culver는 학생들의 지적 발달을 위해 비판적사고와 문제 해결 능력, 그리고 사려 깊은 이해심을 키울 수 있는 기회를 만든다.

군사 보딩스쿨 중에서 가장 큰 규모를 자랑하며 미국 대통령 취임식에 학생 기수단으로 나갈 정도로 승마 프로그램과 시설이 잘 갖추어진 학교다. 따라서 미국 최대 규모의 Riding Hall(승마장)을 갖고 있으며 소유한 말이 125마리가 있다고 한다. 남학생은 사립사관 프로그램으로 여학생은 일반 사립 보딩 프로그램으로 운영되고 있으며, 여타 사관학교들과는 다르게 SSAT 시험 성적과 토플 성적이 필수이며 높은 점수를 요구하는 편이다. 세계 최상의 시설을 갖춘 White-Devries Rowing Center(조정 센터)를 갖추고 있으며 그 외 테니스장, 2개의 아이스링크, 골프코스 등 여러 스포츠 및 예술 시설 건물들을 갖추고 있다. 정규학기도 유명하지만, 여름 캠프인 Culver Woodcraft Camp 또한 매우 인기가 많아 조기 마감되는 프로그램 중 하나이다.

Fork Union Military Academy(포크 유니온 밀리터리 아카데미)

국가	미국	지역	Virginia
전화번호	+ 1 434 842 3212	Email	admissions@fuma.org

학교소개 | INTRODUCTION

설립연도	1898년	IB	0개
학교타입	명문 군사 보딩스쿨	AP프로그램 수	27개
학교유형	남학교	SAT 점수/평균	Y/1110점
종교	Christian	ESL프로그램 지원	Y
학비	International G6~G8: $51,194 International G9~G12: $55,767	유니폼	Y

과외활동 | ACTIVITY

Sports	Cross Country, Football, Soccer, Tennis, Volleyball, Basketball, Swimming, Wrestling, Baseball, Golf, Flag Football, Track and Field
Extra	Weekend Activities: Paintball, Shopping Malls, Movies, Circus, Skiing, Snowboarding, Amusement Parks, Overnight Trips to Virginia Beach and NY, Indoor Water Parks, Lazer Tag, Dance, Holiday Parties, Community Services, Museum, Plays, Homecoming, Apple Blossom Festival, Military Ball Clubs: Academy's Own, Beacon Club, Drama Club, Drill Team, French Honor Society, German National Honor Society, Honor Council, Interact Club, International Club, Kitty Hawk Air Society, MU Alpha Theta Mathematics Honor Society, National Honor Society, National English Honor Society, National Junior Honor Society, Philosophy Club, Praise Team, Social Studies Honor Society, Science National Honor Society, Spanish National Honor Society, Spiritual Life Leadership Team, Tri-M Music Honor Society, Yearbook Club

스쿨 피드백 | School Feedback

Virginia의 작은 마을 Front Royal에 135 acres로 구성되어 있으며 학교의 특색 있는 프로그램으로는 Junior Reserve Officer Training Corps(AFJROTC), Flight, Speech and debate 그리고 Marching band가 있다. AFJROTC는 학생들의 전반적인 학교생활을 차지하는 프로그램으로 군의 관습과 절차, 자신감, 리더십, 스트레스 관리와 자기 절제를 가르친다. 각 학년 과정엔 Aerospace Science(AS), Leadership Education(LE) 그리고 자기 관리가 포함되어 있으며, R-Ma Speech and Debate Team은 Northeast 지역에서 최고로 알려져 있다. 수상 경력이 있는 학교의 Virginia 91st Air Force Junior ROTC band는 50명으로 이루어져 있고 퍼레이드, 스포츠 이벤트, 콘서트 그리고 캠퍼스 밖 행사 활동을 실시한다. 100%의 대학 합격률과 2013년, 820만 달러 장학금 획득을 자랑하고 있다.

St. John's Northwestern Academies (세인트 존스 노스웨스트 아카데미)

국가	미국	지역	Wisconsin
전화번호	+1 262 646 3311	Email	admissions@sjnma.org

학교소개 | INTRODUCTION

설립연도	1884년	IB	0개
학교타입	명문 ROTC 보딩스쿨	AP프로그램 수	8개
학교유형	남녀공학	SAT 점수/평균	Y/1130
종교	Episcopal	ESL프로그램 지원	Y
허용학년	6~12, PG	교사:학생비율	1:10
지원기한	Rolling	외국인비율	23%
학생수	200명	보딩비율	86%
학비	$46,800 International $53,600	유니폼	Y

과외활동 | ACTIVITY

Sports	Track and Field, Baseball, Tennis, Golf, Football, Cross Country, Soccer, Hockey, Basketball, Swimming, Wrestling, Drill Team, Orienteering, Riflery
Extra	Rock Climbing Wall, Obstacle Course, Pool Tables and Tournaments, Par Course, Rappel Tower, Board Game Nights and Clubs, Video Game Tournaments, Movies in the Dining Hall, Ping Pong, Foosball, Electronic Darts, Spikeball, Swimming, Kickball Tournaments, Dodgeball Tournaments, Volleyball Tournaments, Ultimate Frisbee, Mural/Art Club, Weekend Shopping Trips, Academic Clubs, Fencing Club, Various National Honor Societies, Paint Ball, Laser Tag, Trampoline Park Outings, Hiking, Weight Room and Open Gym

스쿨 피드백 | School Feedback

St. John's Northwestern Academies는 남자 생도들의 대학 진학과 리더십 개발을 위해 설립된 사립 기숙학교다. 학교의 규정에 따라 모든 생도들의 스포츠 참여는 필수이며, 국제 학생은 입학 시 쓰기, 듣기, 말하기, 읽기, 전반적인 영어 능력 평가 후 자신의 수준에 맞춰 수업을 듣게 된다. 학교의 Online Education은 생도들에게 자신의 GPA를 높일 수 있는 기회와 조기졸업의 기회를 준다. St. John's Northwestern의 JROTC는 차별화된 Honor Unit으로서 생도들이 United States Service Academies로 진학할 수 있는 지명 추천 권한을 가지고 있다. 2018년부터 남녀공학으로 바뀌었기 때문에 아직 여학생들을 위한 스포츠 팀이 개설되지 않아 남학생들과 같이 경기에 참가하거나 근접 학교 스포츠 팀과 합류하기도 한다.

Aviation Science Program(항공과학 프로그램)-미국연방항공국에서 진행하는 주니어 & 시니어 모두가 참여할 수 있는 교육 프로그램으로 스포츠 비행 자격증, 경비행기를 몰 수 있는 자격증이 주어지며 이후에 자가용 비행기 조종사 자격증을 얻기 위해 자격증 공부를 계속하는 학생들도 있다.

Valley Forge Military Academy(밸리 포지 밀리터리 아카데미)

국가	미국	지역	Pennsylvania
전화번호	+ 1 610 989 1200	Email	admissions_academy@vfmac.edu

학교소개 | INTRODUCTION

설립연도	1928년	IB	0개
학교타입	명문 군사 보딩스쿨	AP프로그램 수	0개
학교유형	남학교	SAT 점수/평균	Y/1090
종교	Non-Denominational	ESL프로그램 지원	Y
허용학년	7~12, PG	교사:학생비율	1:12
지원기한	Rolling	외국인비율	15%
학생수	175명	보딩비율	99%
학비	International $48,975	유니폼	Y

과외활동 | ACTIVITY

Sports	Cross Country, Football, Golf, Soccer, Basketball, Ice Hockey, Swimming, Base-ball, Lacrosse, Tennis, Track and Field
Extra	Horsemanship Program, Equestrian Competitions, Cavalry Skills Team, Show Jumping Team, Fox Hunting Team, Intercollegiate Horse Show Association Band, Choir, Herald Trumpets, Field Music

스쿨 피드백 | School Feedback

Valley Forge Military(VFMA)는 7학년부터 12학년 그리고 Post-Graduate 남학생들이 재학 중인 사립학교로, 1928년 설립된 VFMA는 우수한 학술, 성향 개발, 동기부여, 신체적 발달 그리고 리더십에 초점을 맞춘 포괄적인 과정에 도움을 주고 있다. 도전적인 교과과정, 헌신적인 교사진, 소규모 평균 13명 수업, 교사 감독하에 이뤄지는 저녁 Study hall은 학생들이 학업에 성공할 수 있는 환경을 조성한다. 학교의 운영은 사관학교 스타일이지만 학교의 최종 목표는 졸업 후 군 관련 직업을 갖게 하는 것은 아니다. 그럼에도 불구하고 매년 졸업생의 10%는 군 관련 경로를 선택한다.

학교의 교육 이념은 첫째 우수한 학업(Academic Excellence), 둘째 동기부여(Personal Motivation), 셋째 신체 발달(Physical Development), 마지막으로 리더십(Leadership)이다.

- 골프 아카데미

- IMG Academy
- Saddlebrook Preparatory School
- International Junior Golf Academy

- 테니스 아카데미

- IMG Academy
- Saddlebrook Preparatory School
- Evert Tennis Academy

- 펜싱

- Culver Academies
- Georgetown Preparatory School
- Grier School
- The Hun School of Princeton
- The Lawrenceville School
- The Masters School
- Cheshire Academy
- Dana Hall School

- 승마

- Colorado Rocky Mountain School

- Culver Academies
- Fountain Valley School of Colorado
- Grier School
- The Thacher School
- Verde Valley School
- Asheville School
- Canterbury School
- Dana Hall School

- 피겨스케이팅

- Cranbrook Schools
- Shattuck-St. Mary's School
- Stoneleigh-Burnham School
- Cushing Academy

- 세일링(Sailing)

- Iolani School
- Admiral Farragut Academy
- The Athenian School
- Culver Academies
- St. George's School
- Stevenson School
- The Stony Brook School
- Tabor Academy

- 아이스하키

- Shattuck-St. Mary's School
- Westminster School

- 농구

- Montverde Academy
- Asheville School
- Avon Old Farms School
- Berkshire School
- Blair Academy

- 축구

- South Kent School
- Northfield Mount Hermon
- Worcester Academy

미국 명문 보딩스쿨
합격 전략

ⓒ 최선남, 김동민, 2023

초판 1쇄 발행 2023년 10월 10일

지은이   최선남, 김동민
펴낸이   이기봉
편집   좋은땅 편집팀
펴낸곳   도서출판 좋은땅
주소   서울특별시 마포구 양화로12길 26 지월드빌딩 (서교동 395-7)
전화   02)374-8616~7
팩스   02)374-8614
이메일   gworldbook@naver.com
홈페이지   www.g-world.co.kr

ISBN   979-11-388-2362-3 (03190)